# MARK TWAIN

## ALONG THE MISSISSIPPI

**Langues pour tous**

Collection dirigée par Jean-Pierre Berman,
Michel Marcheteau et Michel Savio

## ANGLAIS Série bilingue

Niveaux : ❑ facile ❑❑ moyen ❑❑❑ avancé

**Littérature anglaise et irlandaise**

- **Carroll (Lewis)** ❑
  Alice au pays des merveilles
- **Cleland (John)** ❑❑❑
  Fanny Hill
- **Conan Doyle** ❑
  Nouvelles (6 volumes)
- **Dickens (Charles)** ❑❑
  David Copperfield
  Un conte de Noël
- **Fleming (Ian)** ❑❑
  James Bond en embuscade
- **Greene (Graham)** ❑❑
  Nouvelles
- **Jerome K. Jerome** ❑❑
  Trois hommes dans un bateau
- **Kipling (Rudyard)** ❑
  Le livre de la jungle (extraits)
- **Mansfield (Katherine)** ❑❑❑
  Nouvelles
- **Masterton (Graham)** ❑❑
  Nouvelles
- **Maugham (Somerset)** ❑
  Nouvelles brèves
- **McCall Smith (Alexander)** ❑
  Contes africains
- **Stevenson (Robert Louis)** ❑❑
  L'étrange cas du Dr Jekyll
  et de Mr Hyde
- **Wilde (Oscar)**
  Nouvelles ❑
  Il importe d'être constant ❑
- **Woodhouse (P.G.)**
  Jeeves, occupez-vous de ça ! ❑❑

**Littérature américaine**

- **Bradbury (Ray)** ❑❑
  Nouvelles
- **Hammett (Dashiell)** ❑❑
  Meurtres à Chinatown
- **Highsmith (Patricia)** ❑❑
  Crimes presque parfaits
- **Hitchcock (Alfred)** ❑❑
  Voulez-vous tuer avec moi ?
- **King (Stephen)** ❑❑
  Nouvelles
- **James (Henry)** ❑❑❑
  Le tour d'écrou
- **London (Jack)** ❑❑
  Histoires du grand Nord
  Contes des mers du Sud
- **Fitzgerald (Scott)** ❑❑❑
  Un diamant gros comme le Ritz ❑❑
  L'étrange histoire
  de Benjamin Button ❑

**Anthologies**

- **Nouvelles US/GB** ❑❑ **(2 vol.)**
- **Les grands maîtres du fantastique** ❑❑
- **Nouvelles américaines classiques** ❑❑
- **Nouvelles anglaises classiques** ❑❑

**Ouvrages thématiques**

- **L'humour anglo-saxon** ❑
- **Science fiction** ❑❑
- **300 blagues britanniques et américaines** ❑❑

Autres langues disponibles dans les séries de la collection
**Langues pour tous**

ALLEMAND · AMÉRICAIN · ARABE · CHINOIS · ESPAGNOL · FRANÇAIS · GREC · HÉBREU
ITALIEN · JAPONAIS · LATIN · NÉERLANDAIS · OCCITAN · POLONAIS · PORTUGAIS
RUSSE · TCHÈQUE · TURC · VIETNAMIEN

MARK TWAIN

# ALONG THE MISSISSIPPI

## Le long du Mississippi

(Extraits)

Choix, traduction et notes par

Bernard Dhuicq

*Maître de Conférence honoraire*
*Université de Paris III, Sorbonne nouvelle*

et

Danièle Frison

*Professeur Émérite, Université Paris-Ouest*
*Nanterre La Défense*

POCKET

Bernard DHUICQ, Maître de Conférences honoraire à l'Université de Paris III, a enseigné à la Sorbonne Nouvelle le droit anglais et le droit américain des sociétés dans la filière LEA (Langues Étrangères Appliquées). Il y a collaboré au DESS de Langues Étrangères des Affaires et du Commerce International. Il est co-auteur de *La Correspondance commerciale en anglais*, du *Dictionnaire de l'anglais juridique*, de *L'anglais juridique* et du bilingue *Sherlock Holmes enquête* dans la collection LANGUES POUR TOUS.

Danièle FRISON, Agrégée d'Anglais, Docteur d'État, est Professeur Émérite à l'Université de Paris X-Nanterre, où elle a enseigné le droit anglais et la traduction juridique. Elle y a créé et dirige un DESS de traduction anglaise spécialisée, qui comporte une Option de traduction économique et juridique. Elle est l'auteur de plusieurs ouvrages sur le droit anglais et les institutions britanniques et co-auteur, dans la collection LANGUES POUR TOUS, de *L'anglais juridique* et du *Dictionnaire de l'anglais juridique*.



ISBN : 978-2-266-13866-6

# Sommaire

# Prononciation

## Sons voyelles

[ɪ] **pit**, un peu comme le *i* de *site*

[æ] **flat**, un peu comme le *a* de *patte*

[ɒ] ou [ɔ] **not**, un peu comme le *o* de *botte*

[ʊ] ou [u] **put**, un peu comme le *ou* de *coup*

[e] **lend**, un peu comme le *è* de *très*

[ʌ] **but**, entre le *a* de *patte* et le *eu* de *neuf*

[ə] jamais accentué, un peu comme le *e* de *le*

## Voyelles longues

[iː] **meet** [miːt], cf. *i* de *mie*

[ɑː] **farm** [fɑːrm], cf. *a* de *larme*

[ɔː] **board** [bɔːʳd], cf. *o* de *gorge*

[uː] **cool** [kuːl], cf. *ou* de *mou*

[ɜː] ou [əː] **firm** [fəːʳm], cf. *eu* de *peur*

## Semi-voyelle

[j] **due**, [djuː], un peu comme *diou...*

## Diphtongues (voyelles doubles)

[aɪ] **my** [maɪ], cf. *aïe !*

[ɔɪ] **boy** [bɔɪ], cf. *oyez !*

[eɪ] **blame** [bleɪm], cf. *eille* dans *bouteille*

[aʊ] **now** [naʊ], cf. *aou* dans *caoutchouc*

[əʊ] ou [əu] **no** [nəʊ], cf. *e* + *ou*

[ɪə] **here** [hɪəʳ], cf. *i* + *e*

[eə] **dare** [deəʳ], cf. *é* + *e*

[ʊə] ou [uə] **tour**, [tʊəʳ], cf. *ou* + *e*

## Consonnes

[θ] **thin** [θɪn], cf. *s* sifflé (langue entre les dents)

[ð] **that** [ðæt], cf. *z* zézayé (langue entre les dents)

[ʃ] **she** [ʃiː], cf. *ch* de *chute*

[ŋ] **bring** [brɪŋ], cf. *ng* dans *ping-pong*

[ʒ] **measure** [ˈmeʒəʳ], cf. le *j* de *jeu*

[h] le *h* se prononce ; il est nettement expiré

## Accentuation

ˈ – accent unique ou principal, comme dans MOTHER [ˈmʌðəʳ]

ˌ – accent secondaire, comme dans PHOTOGRAPHIC [ˌfəutɔˈgræfɪk]

ʳ indique que le **r**, normalement muet, est prononcé en liaison ou en américain

## Comment utiliser la série « Bilingue » ?

La série bilingue anglais/français permet aux lecteurs :

- d'avoir accès aux versions originales de nouvelles célèbres en anglais, et d'en apprécier, dans les détails, la forme et le fond ;

- d'améliorer leur connaissance de l'anglais, en particulier dans le domaine du vocabulaire dont l'acquisition est facilitée par l'intérêt même du récit, et le fait que mots et expressions apparaissent en situation dans un contexte, ce qui aide à bien cerner leur sens. Cette série constitue donc une véritable méthode d'autoenseignement, dont le contenu est le suivant :

- page de gauche, le texte anglais ;

- page de droite, la traduction française ;

- bas des pages de gauche et de droite, une série de notes explicatives (vocabulaire, grammaire, etc.).

Les notes de bas de page aident le lecteur à distinguer les mots et expressions idiomatiques d'un usage courant, et qu'il lui faut mémoriser, de ce qui peut être trop exclusivement lié aux événements et à l'art de l'auteur.

Il est conseillé au lecteur de lire d'abord l'anglais, de se reporter aux notes et de ne passer qu'ensuite à la traduction ; sauf, bien entendu, s'il éprouve de trop grandes difficultés à suivre le récit dans ses détails, auquel cas il lui faut se concentrer davantage sur la traduction, pour revenir finalement au texte anglais, en s'assurant bien qu'il en a maintenant maîtrisé le sens.

## Biographie

La vie et les expériences de Mark Twain éclairent toute son œuvre et se reflètent dans sa pensée.

Son père, juriste visionnaire, pour qui l'esprit des pionniers existait toujours, et qui rêvait de faire fortune dans des transactions immobilières, emmène la famille à Hannibal (Missouri) lorsque Samuel Clemens a quatre ans. Il passe dans cette ville une enfance qui se retrouve dans les ouvrages que le lecteur associe au nom de Mark Twain : *Tom Sawyer* et *Huckleberry Finn*, ouvrages considérés, à tort, comme des œuvres pour enfants.

À l'âge de douze ans, après le décès de ce père dont la personnalité a marqué le jeune garçon, ce dernier commence sa carrière en travaillant comme apprenti imprimeur, puis devient journaliste. Intervient ensuite l'épisode du Mississippi, lorsqu'il passe son brevet de pilote sur les célèbres bateaux à aubes. Il en tirera son nom de plume : **Mark Twain**, mesure criée par le marin qui sondait le fleuve à l'avant de l'embarcation et devait couvrir le bruit des machines pour guider le pilote sur la passerelle : « *Mark Two* » (soit : « deux longueurs de sonde »). Cette période, relatée dans *Life on the Mississippi*, sera suivie d'un passage éclair dans l'armée dont, en fait, il déserte avant de s'enfuir dans le Nevada à la recherche de la fortune dans les mines d'argent.

C'est alors que Samuel Clemens se forge une nouvelle existence dans la littérature sous le pseudonyme qui le rendra célèbre comme homme de lettres : il mène de front son travail de journaliste et de correspondant, et la parution de ses premiers écrits.

Son mariage avec Olivia Langdon marque un tournant dans sa carrière : il s'établit dans le Connecticut pour vingt ans. C'est la gloire, accompagnée de tournées de conférences. En 1894, éditeur malheureux, il connaît la faillite. Son tour du monde l'aidera à se rétablir. Une série de tragédies personnelles suivent alors : il reste seul avec une de ses filles ; sa femme, qu'il adorait, est morte en 1904, ses deux autres filles et son fils sont aussi décédés.

Il meurt, comme sa superstition le lui avait fait présager, au passage de la comète de Halley.

# Chronologie

| | |
|---|---|
| 1838 | 30 novembre : naissance de Samuel Langhorn Clemens à Florida, dans l'État du Missouri |
| 1847 | mort de John Marshall Clemens, père du jeune Samuel ; celui-ci quitte l'école |
| 1848-1857 | apprenti imprimeur et journaliste |
| 1857-1861 | après un projet de départ pour l'Amérique du Sud qui ne se concrétise pas, apprenti pilote, puis pilote sur le Mississippi |
| 1862-1866 | après un passage rapide (deux semaines) parmi les volontaires de l'armée des Confédérés comme lieutenant, reporter, journaliste et écrivain pour différents journaux et magazines du Nevada et de Californie. Adopte dès 1862 le pseudonyme de Mark Twain pour signer ses articles dans le *Territorial Enterprise* de Virginia City, dans le Nevada. |
| 1865 | publication de la nouvelle *Jim Smiley and his Jumping Frog* dans *The Saturday Press* à New York, nouvelle bientôt reprise dans de nombreux journaux |
| 1866-1869 | correspondant pour le journal *The Union* de Sacramento aux îles Sandwich (Hawaï), puis séjour à New York, d'où il part pour la Méditerranée et la Palestine (juin-novembre 1867) ; tournées de conférences |
| 1867 | premier livre : *The Celebrated Jumping Frog of Calaveras County, and Other Sketches* |
| 1869 | *The Innocents Abroad*, publié en Angleterre en 1870 sous le titre *The New Pilgrim's Progress* |
| 1870 | rédacteur en chef de l'*Express* de Buffalo, État de New York ; épouse Olivia Langton, riche héritière d'une famille puritaine d'Elmira, État de New York |
| 1871 | s'établit à Hartford, Connecticut ; tournées de conférences |
| 1872 | *Roughing it* ; première tournée de conférences en Angleterre |
| 1874 | *The Gilded Age*, en collaboration avec Charles Dudley Warner (porté ensuite à la scène) ; seconde tournée de conférences en Angleterre |
| 1875 | *Sketches, New and Old* |

| | |
|---|---|
| 1876 | ***The Adventures of Tom Sawyer*** |
| | *The Canvasser's Tale* |
| | *The Facts Concerning the Recent Carnival of Crime in Connecticut* |
| 1878-1879 | voyage en Allemagne, Suisse et Italie |
| 1879 | *The Great Revolution in Pitcairn* |
| 1880 | *A Tramp Abroad* |
| 1882 | *The Prince and the Pauper* |
| | *The Stolen White Elephant* |
| | *On the Decay of the Art of Lying* |
| 1883 | ***Life on the Mississippi*** |
| 1884-1885 | grande tournée de conférences avec George Washington Cable |
| 1885 | ***The Adventures of Huckleberry Finn***, publié en Angleterre dès 1884 |
| 1889 | *A Connecticut Yankee in King Arthur's Court* ; titre anglais : *A Yankee at the Court of King Arthur* |
| 1891-1895 | séjours en Allemagne, France et Italie |
| 1892 | *The American Claimant* |
| 1893 | *The 11,000,000 Bank-Note and Other New Stories* |
| 1894*T* | *om Sawyers Abroad* |
| | *The Tragedy of Pudd'nhead Wilson* |
| 1895-1896 | tournée de conférences en Nouvelle-Zélande, Australie, Inde et Afrique du Sud |
| 1896 | *Personal Recollections of Joan of Arc* |
| 1897 | *Following the Equator* ; titre anglais : *More Tramps Abroad* |
| 1897-1900 | séjour à Vienne et à Londres |
| 1899 | publication des « *Collected Editions* » |
| 1900 | *The Man that Corrupted Hadleyburg* |
| 1901 | Litt. D. (Docteur ès Lettres, Honoris Causa), Université de Yale |
| 1902 | LL. D. (Docteur en Droit, Honoris Causa), Université du Missouri |
| 1903-1904 | séjour en Italie |
| 1907 | Litt. D. (Docteur ès Lettres, Honoris Causa), Université d'Oxford |
| 1909 | *Is Shakespeare Dead ?* |
| 1910 | mort, près de Redding, Connecticut |

# Introduction

Lorsque Samuel Clemens, *alias* Mark Twain, épousa Olivia Langdon en 1870, il était au milieu de sa vie et jouissait d'une réputation bien établie comme humoriste populaire, conférencier et auteur.

Il commença la rédaction de *Tom Sawyer* en février 1873, avec l'intention de raconter non seulement l'enfance, mais aussi l'adolescence et les débuts de la vie d'adulte de son héros. Mais il n'acheva son roman qu'en juillet 1875 et décida alors de ne pas aller au-delà de l'enfance de Tom. Pour Mark Twain, ce récit des aventures d'un enfant n'était « pas du tout un livre pour enfants », mais un roman pour adultes. Les critiques sociales contenues dans l'ouvrage semblent confirmer son point de vue. À la fin de *Tom Sawyer*, on peut déceler un changement de ton et de style : Twain passe des techniques de la narration conventionnelle au récit à la première personne du singulier, annonçant ainsi une suite au roman, commencée l'année suivante, à savoir *Les Aventures d'Huckleberry Finn*. En dépit d'un volume de ventes assez décevant lors de sa première parution en 1876, *Tom Sawyer* n'a cessé d'être réédité et a été traduit dans de nombreuses langues. Bien avant la mort de son auteur, il se vendait mieux que tous ses autres ouvrages.

*Tom Sawyer* est incontestablement un roman comique, qui confirme les dons de Twain comme amuseur populaire. Mais c'est parce qu'il est le plus grand hymne à l'enfance que Twain ait écrit et qu'il suscite chez le lecteur une soif et un regret pour un monde préindustriel et préadulte qui semble d'une certaine manière spécifiquement américain, qu'il a rencontré un tel succès.

*Tom Sawyer* déroute parfois dans la mesure où il contient des changements de tonalité abrupts : l'humour succède à des scènes d'horreur abominables, les « mauvais » garçons sont parfois des « modèles », l'ouvrage s'adresse à des adultes autant qu'à des enfants.

Mais ces sautes de ton ne nuisent pas à la qualité du roman, mais constituent plutôt un de ses charmes. Certaines scènes, certains motifs, certains personnages, en fait le style du roman lui-même, sont tous étrangement ambivalents ; et derrière chaque scène de souvenir d'enfance lumineux et ensoleillé qui éclaire le roman est tapi son contraire : un univers de cauchemar et de bêtise qui remet en cause les fondements mêmes du monde perdu de St Petersburg (ville natale de Tom). Cette tension puissamment ambivalente touche aussi à la nature même du roman : roman qui se veut une protestation contre la littérature de « l'enfant modèle », littérature qui existait depuis bien avant l'enfance de Mark Twain. En annonçant explicitement que Tom n'est pas un « garçon modèle », Twain se met dans les rangs d'un nouveau mouvement littéraire : celui du « mauvais garçon », qui satirise la philosophie morale des histoires de « garçons modèles ». Le plaisir avec lequel Twain imagine les idiosyncrasies pleines de méchanceté de ses personnages aboutit à effacer toute distinction claire entre la « bonne » et la « mauvaise » conduite. Ce n'est que huit ans plus tard, dans *Les Aventures de Huckleberry Finn*, que Twain sera capable de définir les implications complexes d'une « mauvaise » conduite – une conduite qui paradoxalement semble plus morale du fait de sa capacité à bouleverser les prémisses moralement « civilisées » d'un Sud esclavagiste.

Les critiques ont parfois souligné la faiblesse de la cohérence structurelle de *Tom Sawyer* : en réalité, le récit consiste en une énumération d'événements dans leur succession chronologique, comme dans le roman picaresque.

La caractéristique la plus frappante de *Tom Sawyer* est qu'il fait entendre toute une série de voix et qu'il peut être considéré comme un tournant dans le genre romanesque, un pas vers la langue vernaculaire américaine que, depuis, chacun identifie avec Mark Twain. Le grand mérite de Twain est son don pour trouver précisément l'expression et le style qui définissent une personnalité particulière, comme la tante de Tom, typique de la population des Américains moyens de St Petersburg et de leur manière de s'exprimer. Et pourtant, au milieu de ces voix différentes, de ce style et de ces expressions vernaculaires, on entend une voix et un style plus conventionnels qui semblent contrôler l'ensemble : à chaque instant le narrateur garde la main et domine, non seulement Tom et les autres enfants, mais également les adultes et le lecteur.

Le roman abonde en apartés éditoriaux sur des faits « que le lecteur se rappelle sans doute ». Et il contient de nombreux passages satiriques qui évoquent le jugement social supérieur du narrateur. C'est ainsi que le roman fait alterner style élevé et style populaire, au point que Twain semble hésiter quant au choix stylistique qu'il veut faire, alors que quelques années plus tard, dans *Huckleberry Finn*, il renoncera à une narration calme faite à la troisième personne en faveur d'un point de vue plus vivant.

C'est précisément pour son roman suivant, *Les Aventures d'Huckleberry Finn* (1884), qui constitue la suite des aventures de Tom Sawyer, que Mark Twain est le plus connu : c'est ce second roman qui lui a donné la stature de grand auteur, voire de « père » de la littérature américaine.

*Huckleberry Finn* est entièrement différent de *Tom Sawyer* en termes d'apparences et de finalité. Twain y présente son enfance à un niveau plus profond et les thèmes traités en font un roman plus complexe. L'histoire est narrée par Huck lui-même, dans le dialecte du sud-ouest des États-Unis. Si les formes dialectales avaient déjà été utilisées auparavant par d'autres auteurs américains, jamais elles n'avaient pris de telles dimensions. Personne encore n'avait essayé d'écrire un récit d'une telle longueur en dialecte et, surtout, personne n'avait utilisé des formes dialectales si diverses, pour couvrir une variété de mondes et de réalités aussi grande, que le fait Twain pour raconter le voyage de Huck le long du Mississippi. En lisant les pages de *Huckleberry Finn*, on croit entendre les mots parlés dans l'accent traînant du Sud.

*Les Aventures d'Huckleberry Finn* peuvent être lues à plusieurs niveaux et se prêtent à plusieurs interprétations. Les principaux thèmes du roman sont : l'esclavage et la liberté, la religion et la superstition, l'argent et son influence néfaste, l'hypocrisie du Sud et de son code de l'honneur. L'humour célèbre de Mark Twain est présent presque à chaque page, ainsi que la satire des mœurs sudistes. Le style est un chef-d'œuvre, tant l'utilisation des divers dialectes est réussie et la personnalisation des protagonistes précise et incisive.

Le roman connut très vite le succès auprès du grand public, mais la communauté littéraire ne l'apprécia guère, pas plus que ceux qui estimaient que le comportement social subversif de Huck donnait un mauvais exemple. La bibliothèque municipale de Concord, Massachusetts, exclut ainsi l'ouvrage de ses rayons. Les critiques hostiles qualifièrent le roman de « vulgaire » et empreint d'une « moralité nuisible ». Cependant, il y eut quelques recensions favorables dans les journaux, même lors de la première édition. Puis, lorsque l'opinion dans son ensemble tourna en faveur du roman, plus personne ne contesta la stature de l'œuvre, désormais considérée comme l'un des classiques de la littérature moderne. Voici ce qu'en dit Ernest Hemingway : « Toute la littérature américaine moderne vient d'un livre de Mark Twain intitulé *Huckleberry Finn*... Il n'y avait rien avant. Et rien d'aussi bon n'a été écrit depuis. »

Le présent volume se termine sur un extrait de *La Vie sur le Mississippi*, recueil de nouvelles décrivant la vie sur le grand fleuve publié en 1883.

# Tom Sawyer

## CHAPTER II

**Saturday morning was come[1], and all the summer world was bright and fresh, and brimming with life[2]. There was a song in every heart; and if the heart was young the music issued[3] at the lips. There was cheer[4] in every face, and a spring[5] in every step. The locust trees were in bloom[6], and the fragrance of the blossoms filled the air[7].**

**Cardiff Hill[8], beyond the village and above it, was green with vegetation, and it lay just far enough away to seem a Delectable Land, dreamy, reposeful, and inviting[9].**

**Tom appeared on the side-walk[10] with a bucket of whitewash[11] and a long-handled brush. He surveyed[12] the fence, and the gladness went out of nature, and a deep melancholy settled down upon his spirit. Thirty yards of broad fence nine feet high! It seemed to him that life was hollow[13], and existence but a burden. Sighing[14] he dipped his brush and passed it along the topmost plank; repeated the operation; did it again; compared the insignificant whitewashed streak[15] with the far-reaching continent of unwhitewashed fence, and sat down on a tree-box[16] discouraged. Jim came skipping[17] out at the gate with a tin pail, and singing *Buffalo Gals*[18]. Bringing water from the town pump had always been hateful work[19] in Tom's eyes before, but now it did not strike him so[20].**

---

1. m. à m. : *samedi matin était arrivé* , ici voix passive.

2. m. à m. : *tout le monde de l'été était brillant et fringant et débordait de vie* ; **fresh** : *nouveau, frais, récent* ; *fringant, sémillant* ; **brim** : *bord* (**cup, glass, hat, lake**) ; **to brim** (**with**) : *déborder* (*de*).

3. **to issue** : *sortir* ; *faire paraître, publier* (livre) ; *distribuer, donner* (billets, marchandises) ; *émettre, lancer* (proclamation).

4. **cheer** : *gaieté, joie* ; **to cheer** : *acclamer, applaudir, encourager.*

5. **spring** : *bond, rebond, ressort, entrain* ; *source* ; *printemps* ; **leap** : *bond.*

6. **locust tree** : *caroubier* : **to bloom** : *fleurir, être en fleur.*

7. m. à m. : *le parfum de leurs fleurs emplissait l'air* ; **fragrance** : parfum (naturel) ; **scent** : *senteur, odeur, parfum, odorat, flair* ; **perfume** : *parfum* (de synthèse) ; **blossom** : *fleur d'arbre*).

8. **Cardiff Hill**, colline surplombant Hannibal et ainsi nommée par Mark Twain après sa visite au pays de Galles où les falaises de Cardiff lui rappelaient celles de St Petersburg.

9. dans *Le Progrès du pélerin,* Bunyan parle des **Delectable Mountains**, territoire couvert de troupeaux de moutons pour lesquels mourut le berger Emmanuel, qui annonça dans la Bible la venue du Christ.

# CHAPITRE II

On était samedi matin. L'été dans tous ses atours débordait de vie et arborait éclat et nouveauté. Dans chaque cœur naissait une chanson ; s'il s'agissait d'un cœur jeune, la mélodie en montait aux lèvres. Sur chaque visage se lisait l'enjouement, l'entrain animait chaque pas. Les caroubiers étaient en fleur et leur parfum embaumait l'air.

La végétation donnait une couleur verte à la montagne Cardiff, au-delà du village qu'elle dominait ; on percevait juste assez loin sa masse qui lui donnait l'apparence d'une Terre de Délices, nimbée de rêve et invitant au repos.

Tom fit son apparition sur le trottoir ; il tenait un seau rempli de peinture à chauler et une brosse à long manche. Il examina la palissade ; la nature perdit toute sa joie ; une profonde mélancolie s'empara de l'esprit du jeune garçon. Il s'agissait en fait d'une grande palissade de trente mètres de long sur deux mètres de haut ! L'existence lui semblait alors vide de sens et la vie n'était pour lui à présent qu'un simple fardeau. Poussant un soupir, il trempa la brosse et peignit la plus haute planche ; il la trempa à nouveau et répéta l'opération ; il regarda la bande insignifiante de chaux blanche et la jaugea par rapport à la vaste étendue de palissade qui semblait sans limite et qui lui restait à peindre ; il s'assit découragé sur le bord d'un caisson où poussait un arbre. Jim sortit à cloche-pied par le grand portail un seau en étain à la main ; il chantait *Les Filles de Buffalo*. Aux yeux de Tom aller chercher de l'eau à la pompe municipale avait toujours été une corvée détestable, mais pour lui à cet instant ce n'était plus le cas.

---

10. **pavement** (GB), **sidewalk** (US) : *trottoir.*

11. **bucket, pail** : *seau* ; **whitewash** : *chaux* (peinture) ; **lime** : *chaux vive.*

12. **to survey** : *examiner, inspecter.*

13. **hollow** : *creux, vide.*

14. **to sigh** [saɪ], *soupirer* ; **to heave a sigh,** pousser un soupir.

15. **streak** : *bande, raie* ; *éclair,* d'où, **streaking** : *course en public dans le plus simple appareil* (pour attirer l'attention).

16. m. à m. : *caisson d'arbre.*

17. **to skip** : *sauter* ; **skipping rope** : *corde à sauter.*

18. ***Buffalo Gals*** (***Girls***), chanson écrite et publiée en 1844 par Cool White (John Hodges), l'un des chanteurs blancs qui se noircissaient le visage pour se faire passer pour un Noir (chanson reprise en 1944 dans une comédie musicale, ***Dance with Dolly*** ; origine anglaise ou allemande).

19. m. à m. : *travail détestable.*

20. m. à m. : *mais maintenant cela ne le frappait pas comme étant ainsi.*

He remembered that there was company[1] at the pump. White, mulatto, and Negro boys and girls[2] were always there waiting their turns, resting, trading[3] playthings[4], quarrelling, fighting, skylarking[5]. And he remembered that although the pump was only a hundred and fifty yards off Jim never got back with a bucket of water under an hour; and even then somebody generally had to go after him. Tom said:

'Say, Jim; I'll fetch the water if you'll whitewash some.'

Jim shook his head, and said:

'Can't, Mar's Tom. Ole missis she tole me I got to go an' git dis water an' not stop foolin' 'roun' wid anybody[6]. She say she spec' Ma'rs Tom gwyne to ax me to whitewash, an' so she tole me go 'long an' 'tend to my own business – she 'lowed *she'd* 'tend to de whitewashin'[7].

'Oh, never you mind[8] what she said, Jim. That's the way she always talks. Gimme the bucket[9] – I won't be gone only a minute. *She* won't ever know.'

'Oh, I dasn't, Ma'rs Tom. Ole missis she'd take an' tar de head off'n me. 'Deed she would.'[10]

'*She!*[11] she never licks[12] anybody – whacks[13] 'em[14] over the head with her thimble, and who cares for that, I'd like to know? She talks awful[15], but talk don't[16] hurt – anyways[17], it don't[16] if she don't cry.

---

1. **company** : *compagnie, féquentation, monde.*

2. **Negro** : *nègre* (*pl.* **Negroes**) ; l'usage US bannit les dénominations **colored, black, negro, nigger** et préconise **African-American** ; le même tabou vaut pour **mulatto** (**mulattoes/mulattos**) : *mulâtre(s).*

3. **to trade** : *faire du commerce, échanger*, ici ; **trade-winds** : *les alizées.*

4. **plaything** : *jouet* ( = **toy**).

5. **to skylark** : *faire des blagues, s'amuser, s'ébattre* ; syn. **to romp/to frolic.**

6. Jim parle la langue des esclaves transcrite par Mark Twain phonétiquement : **I can't, Master Tom. The Old Mrs** (**Mistress** prononcé *misiz*) **she told me I got to get this water and not stop fooling around with anybody** ; **master** : *maître*, titre donné à un jeune garcon ; ici en plus, marque de respect du jeune esclave ; **to fool around** : *s'amuser.*

7. **She said she expected Master Tom was going to ask me to whitewash, and she told me to go along and attend to my own business – she allowed *she* would attend to the whitewashing** ; **to expect** : *s'attendre à* ; **to go along** : *passer, continuer son chemin* ; **to attend to** : *s'occuper de* ; **to allow** : *autoriser, allouer, ici dire, exprimer* (usage familier US) (***italiques*** = emphase, rendue par une tournure d'insistance : en personne).

Tom se souvenait qu'il y avait toujours du monde à la pompe. Des filles et des garçons, blancs, mulâtres et noirs, étaient là à attendre leur tour, tout en se reposant, et échangeaient des jouets, en se querellant, en se bagarrant, et en se livrant à toutes sortes de jeux. Il se souvenait tout aussi clairement que la pompe n'était qu'à cent cinquante mètres. Il fallait pourtant toujours à Jim au moins une heure pour en revenir ; même qu'on devait alors généralement aller l'y chercher. Tom proposa :

« Dis, Jim ; j'vais à l'eau si tu veux bien passer un peu de chaux. »

Jim secoua la tête et répliqua :

« J'peux pas, Maît' Tom, la vieille Mamzelle , è'm'a bien dit qui m'fallait aller à l'eau, ne pas m'a'êter pou' jouer en ch'min, avec pé'sonne. E'm'a dit qu'è s'attendait à ce que Maît' Tom allait me demander d'passer la chaux ; et è'm'a dit de n'pas m'a'êter et d'm'occuper d'mes affai'es... el'a ajouté qu'elle-même en pé'sonne allait s'occuper du chaulage. »

« Ne t'occupe donc pas de ce qu'elle raconte, Jim. Elle parle toujours comme ça. Passe-moi le seau ; j'serai revenu dans moins d'une minute. Elle en saura jamais rien, j'en suis sûr. »

« Oh ! J'ose pas le fai', Maît' Tom. La vieille Mamzelle va m'a'acher la tête ; ça j'en suis sû'. »

« Elle ! tu parles ! Elle n'a jamais donné une volée à personne... elle flanque une bonne tape sur la tête avec son dé à coudre, à qui ça fait mal ? j'aimerais bien le savoir ? Elle t'enguirlande, mais les enguirlandages ça fait pas mal... de toute façon, ça fait pas mal tant qu'elle crie pas.

---

8. **never you mind** : forme emphatique du négatif de l'impératif (**never mind**, *ne t'inquiète pas...*) marquée par le pronom et rendue par une insistance sur cette négation. **Don't you touch it**, *ne t'avise pas d'y toucher.*

9. **gimme**, familier pour : **give me** : *passe-moi.*

10. **Oh, I dare not, Master Tom. The Old Mrs, she would take and tear the head off me. Indeed she would** ; **to dare** : *oser* (suivi de l'infinitif sans **to**) ; **to tear (tore, torn)** : *déchirer, arracher.*

11. ***She*** : voir note 7.

12. **to lick** : *lécher*, (familier) *corriger, donner une bonne correction.*

13. **to whack** : *donner une raclée, de grands coups.*

14. **'em** pour **them**.

15. **to talk** : *parler* ; **awful** pour **awfully** : emploi de l'adjectif pour l'adverbe (US) : *horriblement*, d'où *brailler* et *braillement.*

16. **don't** pour **doesn't.**

17. **anyways** pour **anyway, anyhow** : *de toute manière, en tout cas.*

**Jim, I'll give you a marble[1]. I'll give you a white alley!'**

**Jim began to waver[2].**

**'White alley, Jim; and it's a bully taw[3].'**

**'My; dat's a mighty gay marvel, *I* tell you. But, Ma'rs Tom, I's powerful 'fraid ole missis[4].'**

**But Jim was only human – this attention was too much for him[5]. He put down his pail, took the white alley. In another minute he was flying[6] down the street with his pail and a tingling rear[7], Tom was whitewashing with vigour, and Aunt Polly was retiring from the field[8] with a slipper[9] in her hand and triumph in her eye.**

**But Tom's energy did not last[10]. He began to think of the fun[11] he had planned for this day, and his sorrows[12] multiplied. Soon the free[13] boys would come tripping along on all sorts of delicious expeditions[14], and they would make a world of fun of[15] him for having to work – the very thought[16] of it burnt him like fire. He got out his worldly[17] wealth and examined it – bits of toys, marbles, and trash[18]; enough to buy an exchange of work maybe, but not enough to buy so much as half an hour of pure freedom. So he returned his straitened means[19] to his pocket, and gave up[20] the idea of trying to buy the boys. At this dark and hopeless moment an inspiration burst[21] upon him.**

---

1. **marble** : *marbre* ; *bille* ; **alley** pour **alabaster** (*albâtre*).
2. m. à m. : Jim se mit à hésiter ; **to waver** : *hésiter* ( = **to hesitate**).
3. **bully** : (US) *de premier ordre, épatant, fameux* ; **taw** : *calot, grosse bille.*
4. **My ; that's a mighty gay marble, *I* tell you. But, Master Tom, I am powerful afraid of old Mrs. My** ; **My, oh, My** : interjection marquant surprise et admiration : **mighty** : *fort, puissant* ; *extraordinaire* ; **gay** : *joyeux* ; *brillant* ; (de nos jours) *homosexuel* ; ***I* tell you** : *je vous le dis haut et fort* (emphase marquée par italique) ; **I's** pour **I am** ; **powerful** : emploi de l'adjectif pour l'adverbe ; **to be afraid of** : *avoir peur de.*
5. m. à m. : l'attention de Tom à son égard était trop grande pour lui.
6. **to fly (flew, flown)** : *voler, aller à toute allure.*
7. **rear** : *arrière, derrière, postérieur* ; **to tingle** : *picoter, brûler.*
8. **field** : *champ* (de bataille).
9. **slipper** : *pantoufle* (**to slip** : *glisser*).
10. **to last** : *durer.*
11. **fun** : *amusement, divertissement* ; **funny** : *amusant, drôle.*

Jim, j'te donnerai une bille. J't'en donnerai une blanche en albâtre ! »

Jim marqua un temps d'hésitation.

« Une blanche en albâtre, Jim ; et c'est un vrai calot. »

« Ben alo's ! pou' une bille, c'est une v'aie bille, j'en suis sû'. Mais Maît' Tom, j'ai d'ôlement la f'ousse de la vieille Mamzelle. »

Mais Jim n'était qu'humain – la gentillesse de Tom était trop grande. Il posa le seau et prit la bille en albâtre. Une minute plus tard il descendait la rue à toute allure le seau à la main, le postérieur bien cuisant, Tom passait la chaux avec vigueur et Tante Polly sortait du champ clos, une pantoufle à la main et le regard triomphant.

Cependant l'énergie de Tom fut de courte durée. Il se mit à penser aux amusements qu'il avait prévus pour cette journée et sa peine en fut multipliée. Bientôt les garçons qui n'étaient pas de corvée feraient leur apparition en route vers toutes sortes d'aventures plus délicieuses les unes que les autres et ne manqueraient pas de se moquer de lui tout leur soûl parce qu'il lui fallait travailler – cette pensée même lui traversait l'esprit comme une flamme. Il sortit de ses poches tout ce qu'il possédait au monde et contempla ses richesses – des bouts de jouets, des billes, des bricoles ; juste assez pour échanger peut-être une corvée, mais pas assez pour se payer rien qu'une demi-heure de complète liberté. Il rempocha donc ses minces possessions et abandonna l'idée de tenter de suborner les copains. Ce fut en cet instant sombre et désespéré qu'il eut une soudaine inspiration.

---

12. **sorrow** : *chagrin, douleur, peine, tristesse.*

13. **free** : *libre, sans contrainte*, ici : *sans travail.*

14. m. à m. : *arriveraient se dirigeant vers toutes sortes d'expéditions délicieuses* ; **to trip along** : *se diriger nonchalamment* ; **have a nice trip** : *bon voyage.*

15. **to make fun of** : *se moquer de* ; **a world of fun** (**great fun**).

16. **very** : devant un nom : *même* ; **he is the very man we need** : *c'est tout à fait l'homme qu'il nous faut.*

17. **worldly** : *de ce monde* (**world**) ; **wealth** : *richesse, possession.*

18. **trash** : *objet(s) sans valeur, camelote* ; *racaille* ; *inepties.*

19. **straitened means** : *moyens réduits* ; **financial straits** : *difficultés financières* ; **strait is the gate** : *la porte étroite* ; **Dover Straits** : *le détroit de la Manche* ; **the Straits of Gibraltar** : *le détroit de Gibraltar.*

20. **to give up** : *abandonner* ; *laisser tomber.*

21. **to burst (burst, burst)** : *éclater* (l'inspiration arrive sur Tom soudainement).

Nothing less than a great, magnificent inspiration. He took up his brush and went tranquilly to work. Ben Rogers hove[1] in sight presently; the very boy of all boys whose ridicule he had been dreading[2]. Ben's gait[3] was the hop, skip[4], and jump – proof[5] enough that his heart was light and his anticipations high. He was eating an apple, and giving a long melodious whoop[6] at intervals, followed by a deeptoned[7] ding dong dong, ding dong dong, for he was personating[8] a steamboat! As he drew near he slackened speed[9], took the middle of the street, leaned far over to starboard, and rounded-to[10] ponderously[11], and with laborious pomp and circumstance[12], for he was personating the *Big Missouri*[13], and considered himself to be drawing[14] nine feet of water. He was boat, and captain, and engine-bells combined, so he had to imagine himself standing on his own hurricane-deck[15] giving the orders and executing them.

'Stop her[16], sir! Ling-a-ling-ling.' The headway ran almost out, and he drew up[17] slowly towards the side-walk. 'Ship up to back! Ling-a-ling-ling!' His arms straightened and stiffened[18] down his sides. 'Set her back on the stabboard! Ling-a-ling-ling! Chow! ch-chow-wow-chow!' his right hand meantime[19] describing stately[20] circles, for it was representing a forty-foot wheel.

---

1. **to heave (hove, hove) in(to) sight** : (terme de marine) *paraître, poindre à l'horizon* ; **to heave a boat ahead/astern** : *déhaler un bateau sur l'avant/l'arrière* ; **to heave to** : *(se) mettre en panne* ; **heave-ho** : *oh-hisse* ; **heave** : *houle* ; autres traductions de *houle* : **swell, surge (in harbour)** ; **to heave (heaved)** : *lever, soulever, lancer, tirer* (gros effort) ; **to heave a sigh of relief** : *pousser un gros soupir de soulagement.*

2. m. à m. : *dont il redoutait le ridicule* ; **to dread** : *craindre, redouter.*

3. **gait** : *allure, démarche, façon de marcher, tenue.*

4. **to hop** : *sautiller* (**hop-scotch** : *jeu de marelle*) ; **to skip** : *éviter, sauter* (**skipping-rope** : *corde à sauter* ; **skip it/ forget it** : *oubliez ça*) ; **to jump** : *bondir, sauter* (**hop, skip and jump** : *triple saut*).

5. **proof** : *évidence, preuve* ; **enough** : *assez, suffisant.*

6. **whoop** : cri de joie, de triomphe (**whoopee** : hourra, youpi ; **whooping cough** : toux de coqueluche).

7. **deep-toned** : *sur un ton de basse* ; *d'une voix de basse.*

8. **to personate/ impersonate** : *jouer le rôle, personnifier, se faire passer pour.*

En fait rien d'autre qu'une grande et magnifique inspiration. Il reprit sa brosse et se remit tranquillement à la tâche. C'est alors que Ben Rogers fit bientôt son apparition ; c'était bien celui de tous les garçons dont il craignait le plus les sarcasmes. Ben s'avançait en sautant d'un pied sur l'autre tout en esquivant un pas, la preuve même qu'il avait le cœur léger et qu'il nourrissait de grands espoirs. Il croquait une pomme et lançait de temps à autre un youpi mélodieux qu'il faisait suivre d'un ding, dong, dong avec une voix de basse ; il se prenait en effet pour un bateau à vapeur ! En s'approchant il ralentit son allure, emprunta le milieu de la rue, se pencha à tribord, puis mit en panne avec solennité, pompe et grande affectation car il était alors le *Big Missouri*, le grand vapeur à aubes et il estimait qu'il jouissait d'un tirant de neuf pieds. Il était à la fois le bateau, le capitaine et les sonneries du moteur, il lui fallait donc s'imaginer sur sa passerelle lançant ses ordres tout en les exécutant.

« Stoppez les machines, chef mécanicien ! dring, dring, dring. » Il continua sur son erre et s'approcha doucement du trottoir. « En arrière, toutes ! Dring, dring, dring ! » Ses bras se figèrent et demeurèrent droit près de son corps. « Faites remonter sur tribord ! dring, dring, dring ! tchou ! tch... , tchou, tchou, tchou ! » De la main droite, il décrivait pendant tout ce temps de grands cercles majestueux car elle était censée représenter une roue d'un diamètre de quarante pieds.

---

9. **to slacken speed/ to slow down** : *ralentir, réduire sa vitesse* (**slack** : *faible, mou, lâche, relâché* ; **slacks** : *pantalon de détente*).

10. **to round to** : *mettre en panne, lofer.*

11. **ponderously** : *de manière grave/réfléchie* ; **to ponder** : *peser* (pour et contre), *mesurer* (les conséquences d'une décision).

12. **pomp and circumstance** : *grand apparat, grande pompe.*

13. ***Big Missouri*** : les noms de bâtiments ne se traduisent pas.

14. **to draw (drew, drawn)** : (ici) *avoir un tirant de* (**draft** : *tirant d'eau*).

15. **hurricane-deck** : *passerelle de commandement.*

16. **her** : navires et machines peuvent être du genre féminin.

17. **headway** : *erre* ; **to draw up** : *s'approcher* ; **sidewalk** (US) : *trottoir* (**pavement** GB).

18. **to straighten** : (*se*) *tenir droit* ; **to stiffen** : (*se*) *raidir* ; **stiff** : (fam.) *cadavre.*

19. **(in the) meantime** : *pendant ce temps.*

20. **stately** : *majestueux.*

'Let her go back on the labboard[1]! Ling-a-ling-ling! Chow-ch-chow-chow!' The left hand began to describe circles.

'Stop the starboard! Ling-a-ling-ling! Stop the labboard! Come ahead[2] on the starboard! Stop her! Let your outside turn over slow! Ling-a-ling-ling! Chow-ow-ow! Get out that head-line[3]! Lively[4], now! Come – out with your spring-line[5] – what're you about there[6]? Take a turn round that stump[7] with the bight[8] of it! Stand by that stage[9] now – let her go! Done with the engines, sir[10]! Ling-a-ling-ling!'

'Sht! s'sht! sht!' (Trying the gauge[11]-cocks[12].)

Tom went on[13] whitewashing – paid no attention[14] to the steamer[15]. Ben stared[16] a moment, and then said:

'Hi[17]-yi! You're up a stump, ain't you[18]!'

No answer. Tom surveyed[19] his last touch with the eye of an artist; then he gave his brush another gentle sweep[20], and surveyed the result as before. Ben ranged up alongside of him. Tom's mouth watered[21] for the apple, but he stuck[22] to his work. Ben said:

'Hello, old chap[23]; you got to work, hey?'

'Why[24], it's you, Ben! I warn't noticing.'

'Say, I'm going in a swimming[25], I am. Don't you wish you could? But of course, you'd druther work[26], wouldn't you?'

---

1. **labboard** (**larboard**), maintenant **port** : *babord.* Moyen mnémotechnique : batterie... donc babord (gauche), *tribord* (droite) : **starboard**.

2. **ahead** : *devant, en avant.*

3. **head-line** : *amarre d'avant.*

4. **lively** : *animé, plein d'entrain/de vie, vif.*

5. **spring-line** : *embossure, amarre maintenant navire dans une direction.*

6. m. à m. : *qu'est-ce que vous faites ?*

7. **stump** : *souche d'arbre.*

8. **bight** : *anse d'un cordage, boucle.*

9. **stage** : *ponton.*

10. m. à m. : *arrêtez les machines* ; **engine** : *machine, moteur* ; **sir** : en anglais (GB et US) on ne donne pas le titre d'un supérieur dans l'armée/la marine.

11. **gauge** : [gèïdj] *jauge.*

12. **cock** : *chien de fusil, cran.*

« Remontez sur babord ! Dring, dring, dring ! Tchou, tch..., tchou, tchou ! » Ben se mit à décrire des cercles de la main gauche.

« Arrêtez sur babord ! Dring, dring, dring ! Arrêtez sur tribord ! Avancez sur babord ! Stoppez tout ! Faites porter sur l'extérieur doucement ! Dring, dring, dring ! Tchou-ou-ou ! Préparez l'amarre d'avant ! Du nerf, allons ! – Sortez moi l'amarre du milieu – qu'attendez-vous ? Faites un tour sur cette souche avec la boucle de l'amarre ! Amarrez sur ce ponton maintenant – donnez du mou ! Chef mécanicien, stoppez les machines ! Dring, dring, dring ! »

« Chte ! chte !chte ! » (Vérifiant les crans de la jauge.)

Tom continuait à chauler sa palissade sans prêter attention au vapeur. Ben resta un instant à le regarder et finit par dire :

« Alors ! T'es une souche, pas vrai ! »

Pas de réponse. Tom examinait sa dernière couche avec l'œil d'un artiste peintre ; il donna ensuite un dernier coup de brosse et examina le résultat comme précédemment. Ben se planta près de lui. La pomme de Ben faisait venir l'eau à la bouche de Tom, mais celui-ci ne quittait pas sa tâche. Ben lança :

« Salut, mon pote ; t'a du boulot, hein ? »

« Tiens, c'est toi, Ben ! j't'avais pas vu. »

« Dis donc, j'vais nager, vrai de vrai. T'es sûr qu'tu veux pas venir ? Bien sûr, tu préfères bosser, pas vrai ?

---

13. **to go on** + part. présent : *continuer de.*
14. **to pay attention to** : *prêter attention à, s'occuper de.*
15. **steamer** : *vapeur* (navire) ; **steam** : *vapeur.*
16. **to stare** : *fixer, regarder fixement.*
17. **hi !** : *salut* !
18. **aint you** pour **aren't you ?** : *n'est-ce pas* ?
19. **to survey** : *examiner, parcourir du regard.*
20. **sweep** : *mouvement ample et large.*
21. **it makes my mouth water** : *cela me fait saliver, j'en ai l'eau à la bouche.*
22. **to stick (stuck, stuck)** : *coller, ne pas bouger, rester.*
23. **chap** : *mec, homme, type* (GB), **guy** (US) (au pluriel : groupe d'hommes et de femmes) ; **hey ?** : *n'est-ce pas ? pas vrai ? hein* ?
24. **why,** : *tiens* ; **I wasn't noticing** : *je n'avais pas remarqué.*
25. tournure désuète pour **I am going for a swim....**
26. **you had/would rather work** : *tu préfères travailler.*

**'Course you would[1]!'**

**Tom contemplated the boy a bit, and said[2]:**

**'What do you call work?'**

**'Why, ain't that work?'**

**Tom resumed[3] his whitewashing, and answered carelessly[4]:**

**'Well, maybe it is, and maybe it ain't[5]. All I know is, it suits[6] Tom Sawyer.'**

**'Oh, come now[7], you don't mean to let on that you like it[8]?'**

**The brush continued to move.**

**'Like it? Well, I don't see why I oughtn't to[9] like it. Does a boy get a chance to whitewash a fence every day[10]?'**

**That put the thing in a new light[11]. Ben stopped nibbling[12] his apple. Tom swept[13] his brush daintily[14] back and forth – stepped back to note the effect – added a touch here and there – criticized the effect again[15], Ben watching every move, and getting more and more interested, more and more absorbed. Presently he said:**

**'Say, Tom, let me whitewash a little[16].'**

**Tom considered; was about to consent; but he altered[17] his mind: 'No, no; I reckon it wouldn't hardly do[18], Ben. You see, Aunt Polly's awful[19] particular[20] about this fence – right here on the street, you know – but if it was the back fence I wouldn't mind[21], and she wouldn't.**

---

1. **of course** : *bien sûr, naturellement* ; **you would** : reprise de la phrase précédente... .

2. **said** : en français on traduit en renforçant le verbe : *lança*.

3. **to resume** : *reprendre/ résumer* : **to sum up, to summarize.**

4. **carelessly** : *sans s'appliquer, sans soin* ; **careful** : *soigneux* ; **careful !** : *attention !*

5. m. à m. : *peut-être que ça l'est, peut-être que ça ne l'est pas.*

6. **to suit** : *convenir* ; **to fit** : *aller à, être de la bonne taille* ; **it fits you to a t**, *ça vous va comme un gant.*

7. **come now** : *n'exagère pas* ; **to mean** : *avoir l'intention, signifier* ; **to let on** : *faire croire.*

8. **to like** : *aimer, trouver plaisant*, **I like it** : *ça me pl*aît.

9. **ought to** : *devoir* (sens moral).

10. m. à m. Est-ce qu'un garçon a l'occasion de passer à la chaux une palissade tous les jours ? ; **chance** : *occasion, hasard* ; **by chance** : *par hasard.*

11. m. à m. : cela donnait un autre éclairage à la chose. ; **thing** : *chose*, mais ici : *affaire, opération....*

Mais c'est sûr ! Tu préfères bosser ! »

Tom fixa son regard sur le garçon un court instant et lança :

« Qu'est-ce que t'appelles bosser ? »

« Ben quoi, tu bosses, pas vrai ? »

Tom se remit à l'ouvrage et répondit avec désinvolture ;

« Ben, peut-être que oui, peut-être que non. Tout c'que j'sais, c'est qu'ça convient à Tom Sawyer. »

« Oh, pousse pas, tu vas pas faire croire qu'ça te plaît vraiment. »

La brosse continuait son mouvement.

« Me plaire ? Ben à vrai dire, j'vois pas pourquoi ça m'plairait pas. Est-ce qu'on a l'occasion de passer une palissade à la chaux tous les jours ? »

L'affaire prenait une toute autre tournure. Ben s'arrêta de grignoter la pomme. Tom maniait sa brosse avec grand art la passant d'un bout à l'autre des planches – se reculait pour juger – rajoutait une touche ici et là – jugeait à nouveau le résultat d'un œil critique. Ben observait chacun des mouvements du peintre, s'y intéressait de plus en plus, y était de plus en plus attentif. Bientôt il lança :

« Dis, Tom, laisse-moi passer la chaux un coup. »

Tom réfléchit, fut sur le point de céder, mais changea d'avis : « Non, non ; je crois qu'ça peut pas vraiment se faire, Ben. Tu sais, la tante Polly est très difficile pour cette palissade – è' donne en plein sur la rue, tu sais – remarque si c'était la palissade derrière, ça m'ferait rien, ça lui ferait rien non plus.

---

12. **to nibble** : *grignoter.*

13. **to sweep (swept, swept)** : *balayer* (mouvements amples).

14. **daintily** : *délicatement* ; **back and forth** : *d'arrière en avant.*

15. m. à m. : *pour noter l'effet* ; **to criticize** : *critiquer* ; **critic** : *le critique* ; **criticism** : *la critique.*

16. m. à m. : *Laisse-moi passer un peu la chaux.*

17. **to be about to** : *être sur le point de* ; **to consent** : *consentir* ; **to alter** : *changer.*

18. **that will do** : *ça ira.*

19. **awful** pour **awfully**.

20. **particular** : *difficile, tatillon* ( = **fussy**).

21. **to mind** : *faire attention, objecter* ; **mind the gap** : *attention à la marche* (mot à mot : *à l'espace entre le wagon et le quai*) ; **you don't mind, do you ?** : *ça ne te fait rien, n'est-ce pas ?*

Yes, she's awful particular about this fence; it's got to be done very careful[1]; I reckon[2] there ain't[3] one boy in a thousand, maybe two thousand, that can do it the way it's got to be done.'

'No – is that so[4]? Oh, come now; lemme[5] just try, only just a little. I'd let you, if you was me[6], Tom.'

'Ben, I'd like to, honest injun[7]; but Aunt Polly – well, Jim wanted to do it, but she wouldn't let him. Sid wanted to do it, but she wouldn't let Sid. Now, don't you see how I am fixed[8]? If you was to tackle[9] this fence, and anything was to happen to it – '

'Oh, shucks[10]; I'll be just as careful[11]. Now lemme try. Say – I'll give you the core[12] of my apple.'

'Well, here. No, Ben; now don't; I'm afeard[13] – '

'I'll give you all of it!'

Tom gave up the brush with reluctance in his face, but alacrity[14] in his heart. And while the late steamer *Big Missouri* worked and sweated in the sun, the retired[15] artist sat on a barrel in the shade[16] close by, dangled[17] his legs, munched[18] his apple, and planned the slaughter[19] of more innocents. There was no lack of material[20]; boys happened along[21] every little while[22]; they came to jeer, but remained to whitewash.

---

1. **it has got to be done** : *ça doit être fait*; **careful** pour **carefully** : *soigneusement*.

2. **to reckon** : *estimer, penser* (US).

3. **ain't** pour **isn't**.

4. m. à m. : *Non... est-ce ainsi ?*

5. **lemme** = **let me**; **gimme** = **give me**; **to let (let, let)** : *laisser, permettre*.

6. **if you was me** pour **if you were me** : *si vous étiez à ma place*.

7. **honest injun** pour **honest Indian** (juron raciste).

8. **fixed** : *dans le pétrin* ; **to be in a fix** : *être dans de sales draps*.

9. **to tackle** : *attaquer* (un problème), *s'occuper de, traiter*.

10. **shucks** : *balivernes, sornette*, d'où l'emploi comme juron.

Ouais, elle est drôlement tatillonne pour sa palissade ; il faut s'y prendre bien soigneusement ; j'crois bien qu'y a pas un garçon sur mille, p't-être deux mille capable de la peindre comme il faut. »

« Non, c'est pas vrai ? Oh, allez, laisse-moi essayer un coup, juste un p'tit coup. Si j'étais à ta place, Tom, j'te laisserais faire. »

« Ben, j'voudrais bien, parole d'honneur ; mais Tante Polly – écoute, Jim voulait le faire, mais elle a pas voulu qu'il le fasse. Sid voulait le faire, mais elle a pas laissé Sid le faire non plus. Alors, tu vois bien que'j'suis coincé ? Si jamais tu t'occupais d'c'te palissade et que quelque chose lui arrive... »

« Oh, Bon Dieu ; j'm'appliquerai. Allez, laisse-moi essayer. Tiens – j'te passe l'reste de ma pomme. »

« Tiens alors, prends. Non, Ben ; non n't'y mets pas ; j'ai la trouille... »

« J'te donne toute la pomme ! »

Tom lui passa la brosse avec beaucoup de réticence sur le visage mais un grand empressement au cœur. Et tandis que le vapeur *Big Missouri*, maintenant complètement disparu, peinait et transpirait en plein soleil, l'artiste peintre, lui, rentier, était assis, tout près de là, sur un tonneau à l'ombre, à balancer ses jambes pendantes et à croquer sa pomme tout en préparant le massacre d'autres innocents. Les candidats ne manquaient pas ; les garçons se présentaient à intervalles réguliers ; ils venaient pour se moquer mais restaient pour peindre.

---

11. m. à m. : *je serai des plus soigneux.*
12. **core** : *le cœur, le principal.*
13. **afeard** : (US) forme dialectale ; **to be afraid** : *avoir peur.*
14. **alacrity** : *empressement, joie.*
15. **retired** : *retraité.*
16. **in the shade of** : *à l'ombre de.*
17. **to dangle** : *pendre* (jambes).
18. **to munch** : *croquer, mâcher.*
19. **slaughter** : *massacre* ; **slaughter-house** : *abattoir(s).*
20. m. à m. : *il n'y avait pas manque de matériel* ; **lack** : *manque.*
21. **to happen along** : *se présenter comme par hasard.*
22. m. à m. : *à chaque petit moment* ; **while** : *moment.*

By the time Ben was fagged out[1], Tom had traded[2] the next chance to Billy Fisher for a kite in good repair[3]; and when he played out[4], Johnny Miller bought in for a dead rat and a string to swing it with[5]; and so on, and so on[6], hour after hour. And when the middle of the afternoon came, from being a poor poverty-stricken boy in the morning Tom was literally rolling in wealth[7]. He had, besides the things I have mentioned, twelve marbles, part of a jew's harp[8], a piece of blue bottle-glass to look through, a spool-cannon[9], a key that wouldn't unlock[10] anything, a fragment of chalk, a glass stopper of a decanter, a tin soldier, a couple of tadpoles[11], six fire-crackers, a kitten with only one eye, a brass door-knob, a dog-collar – but no dog – the handle of a knife, four pieces of orange-peel, and a dilapidated old window-sash. He had had a nice, good, idle[12] time all the while[13] – plenty of company[14] – and the fence had three coats[15] of whitewash on it! If he hadn't run out of[16] whitewash he would have bankrupted[17] every boy in the village.

Tom said to himself that it was not such a hollow world after all. He had discovered a great law of human action, without knowing it, namely[18], that, in order to make a man or a boy covet[19] a thing, it is only necessary to make the thing difficult to attain.

---

1. **by the time** : *lorsque, quand* ; **to fag out** : *travailler dur, (s')épuiser.*
2. **to trade** : *commercer, négocier* ; **chance** : *hasard, occasion.*
3. **kite** : *cerf-volant* ; **in good repair** : *en bon état.*
4. **to play out** : *sortir du jeu* ; **to buy in** : *acheter son droit d'entrée.*
5. **string** : *ficelle* ; **to swing (swung, swung)** : *balancer.*
6. **and so on** : *et ainsi de suite* (syn.) **and so forth**.
7. m. à m. : après avoir été un garçon pauvre frappé par la misère le matin, Tom littéralement roulait dans la richesse ; **poverty-stricken** : (de **to strike, struck, struck/stricken** : *frapper*) *appauvri* ; **wealth** : *richesse.*
8. **jew's harp** : *guimbarde* .
9. **spool-cannon** : canon fabriqué avec des élastiques, des boutons sur une bobine de fil vide ; les enfants s'en servaient pour lancer des bouts de bois contre leurs soldats de plomb.
10. **to lock** : *fermer à clef* ; **to unlock** : *déverrouiller.*

Lorsque Ben en eut assez, Tom avait négocié et offert l'occasion suivante à Tom Fisher contre un cerf-volant en parfait état de vol; puis quand ce dernier sortit du jeu, Miller acheta son tour contre un rat mort avec un bout de ficelle pour le faire tournoyer; il en fut ainsi et encore ainsi pendant des heures d'affilée. En fin de compte au milieu de l'après-midi, Tom, qui avait débuté la matinée dans un état d'extrême pauvreté, était littéralement couvert de richesses. Outre les divers objets déjà mentionnés, il possédait maintenant douze billes, une pièce qui provenait d'une guimbarde, un tesson de bouteille bleue qui lui servirait à voir dans cette teinte le monde, une bobine de fil vide et équipée pour servir de canon, une clef qui ne pourrait servir dans aucune serrure, un bout de craie, un bouchon de carafe en verre, un soldat de plomb, des têtards, six pétards, un chaton borgne, la poignée d'une porte en cuivre, le collier d'un chien – sans le chien –, la poignée d'un couteau, quatre morceaux de pelure d'orange, une fenêtre à guillotine complètement inutilisable. Il avait passé un fort bon moment de détente absolue – en compagnie de nombreux amis – et trois couches de chaux avaient été passées sur la palissade! S'il n'eût été à court de peinture, il aurait pu mettre sur la paille tous les garçons de la ville.

Tom se dit alors que, tout compte fait, le monde où il vivait n'était pas aussi vide que ça. À son insu, il avait découvert la grande loi de toute action humaine, à savoir, que pour susciter l'envie d'un objet chez l'homme ou chez le garçon, il fallait seulement en rendre difficile l'acquisition.

---

11. **tadpole** : *têtard.*

12. **idle** : *oisif, inoccupé.*

13. **all the while** : *pendant tout ce temps.*

14. **company** : *attroupement, compagnie, groupe de personnes*; **two is a company, three is a crowd** : formule indiquant à un intrus qu'il est de trop.

15. **coat** : *veste, manteau*; (ici) *couche de peinture.*

16. **to run out of** : *manquer de, ne plus avoir, être en rupture de stock/ épuisé.*

17. **to bankrupt** : *mettre en faillite*; **to be/go bankrupt** : *être en/faire faillite* **bankruptcy** : *faillite.*

18. **namely** : *à savoir.*

19. **to covet** : *désirer, convoiter.*

**If he had been a great and wise philosopher, like the writer of this book, he would now have comprehended that work consists of whatever a body[1] is obliged to do, and that play consists of whatever a body is not obliged to do. And this would help him to understand why constructing artificial flowers, or performing[2] on a tread-mill[3], is work, whilst[4] rolling nine-pins[5] or climbing Mont Blanc is only amusement. There are wealthy[6] gentlemen in England who drive four-horse passenger-coaches twenty or thirty miles on a daily line, in the summer, because the privilege costs them considerable money; but if they were offered wages[7] for the service that would turn it into work, then they would resign[8].**

---

1. **a body** : *un corps* ; *un individu, une personne, quelqu'un, chacun.*
2. **to perform** : *agir, s'activer, travailler.*
3. **tread-mill** : *manège, trépigneuse* (roue activée par un homme et entraînant une machine).
4. **whilst/ while** : *tandis que, alors que.*
5. **nine-pins** : *jeu de quilles.*
6. **wealthy** : *riche, opulent* ; **wealth** : *richesse, biens.*
7. **wage** : *gage, salaire.*
8. **to resign** : *démissionner, se démettre de ses fonctions.*

Eût-il été le grand philosophe plein de sagesse qu'est l'auteur du présent livre, il comprendrait maintenant que le Travail représente tout ce que l'obligation force chacun à faire et que le Loisir représente ce que pour chacun aucune obligation ne force à faire. De plus ce principe l'aiderait à comprendre pourquoi la fabrication de fleurs artificielles ou la conduite d'une machine sont du travail, alors qu'une partie de quilles ou l'escalade du Mont Blanc ne sont que des loisirs. Il existe de riches messieurs en Angleterre qui conduisent des attelages de quatre chevaux tirant des voitures de passagers sur trente ou quarante milles sur des trajets réguliers l'été, parce que ce privilège leur coûte une somme considérable ; par contre si on leur proposait un salaire pour ce service, ce qui ferait de celui-ci un travail, ils démissionneraient sur-le-champ.

## CHAPTER VI

**Monday morning found Tom Sawyer miserable[1]. Monday morning always found him so, because it began another week's slow suffering in school. He generally began that day with wishing he had had no intervening holiday[2], it made the going into captivity and fetters[3] again so much more odious[4].**

**Tom lay[5] thinking. Presently it occurred[6] to him that he wished he was sick; then he could stay home from school. Here was a vague possibility. He canvassed[7] his system[8]. No ailment[9] was found, and he investigated[10] again. This time he thought he could detect colicky symptoms, and he began to encourage them with considerable hope. But they soon grew feeble and presently died wholly away. He reflected further[11]. Suddenly he discovered something. One of his upper[12] teeth was loose. This was lucky; he was about to begin to groan, as a 'starter[13]', as he called it, when it occurred to him that if he came into court[14] with that argument his aunt would pull it out, and that would hurt[15]. So he thought he would hold the tooth in reserve for the present, and seek[16] further. Nothing offered for some little time, and then he remembered hearing the doctor tell about a certain thing that laid[17] up a patient for two or three weeks and threatened to make him lose a finger.**

---

1. **miserable** : *malheureux, triste* ; **I feel miserable,** *je me sens déprimé, triste.*

2. mot à mot : *il commençait en général cette journée en souhaitant ne pas avoir eu entre-temps de congé.*

3. **fetters** : *entraves* ; **to fetter** : *entraver* (animal, cheval).

4. **so much/all the more odious** : *d'autant plus horrible, odieux.*

5. **to lie (lay, lain)** : *être allongé/couché.*

6. **to occur** : *avoir lieu, arriver, survenir, se produire* ; **it occurred to me that..** : *il me vint à l'esprit que...*

7. **to canvass** : *faire du porte-à-porte* (pour convaincre les électeurs de voter pour un candidat), *démarcher* (clients, électeurs), *examiner.*

8. **system** : *système, organisme* (corps).

9. **ailment** : *affection, malaise* ; **minor ailments** : *petits maux, bobos* ; **disease** : *maladie* ; **illness, complaint** : *affection, maladie.*

# CHAPITRE VI

Ce lundi matin trouva Tom dans un état lamentable. C'était toujours le cas les lundis matins, car c'était le début d'une nouvelle semaine de longues souffrances à l'école. Il commençait en général cette journée avec le regret d'avoir eu une journée de congé précédant cette semaine, ce qui rendait sa captivité et son manque de liberté d'autant plus odieux.

Tom était couché tout songeur. Il eut alors l'idée qu'il voulait être malade ; il pourrait donc rester à la maison et manquer l'école. C'était bien là une vague possibilité. Il passa tout son corps en revue. N'ayant trouvé aucun malaise, il reprit son examen. Cette fois il lui sembla qu'il avait détecté des signes de colique qu'il entreprit d'encourager avec grand espoir. Mais ceux-ci devinrent bientôt faibles et disparurent complètement en un instant. Il poursuivit sa réflexion. Il découvrit bientôt une autre piste. L'une de ses dents du haut bougeait. C'était sa chance ; il était près de se mettre à gémir, pour se mettre en condition, selon son expression, quand il songea que s'il se présentait devant le tribunal avec cet argument, sa tante lui arracherait la dent, ce qui lui ferait mal. Aussi pensa-t-il qu'il lui valait mieux garder sa dent en réserve pour l'instant et chercher encore. Rien ne se présenta pendant quelque temps, puis il se souvint avoir entendu le docteur parler d'un certain mal qui avait récemment maintenu alité un malade deux ou trois semaines et avait menacé de lui faire perdre un doigt.

---

10. **to investigate** : *enquêter, chercher, investiguer.*

11. **further** : *davantage, plus* ; **farther** : *plus loin.*

12. **upper** : *supérieur, du haut* ; **lower** : *inférieur, du bas.*

13. **starter** : *ce qui commence une série/un processus, hors-d'œuvre, mise en condition.*

14. **to go to/to come into court** : *se présenter devant un tribunal, aller en justice.*

15. **to hurt (hurt, hurt)** : *faire mal* ; **to hit (hit, hit)** : *heurter, frapper dans le mille*, d'où : **hit**, (*air à*) *succès.*

16. **to seek (sought, sought)** : *chercher* ; **hide and seek** : *cache-cache.*

17. **to lay (laid, laid)** : *étendre, coucher* ; **to lay the table** : *mettre la table.*

So the boy eagerly[1] drew his sore[2] toe from under the sheet and held it up[3] for inspection. But now he did not know the necessary symptoms. However[4], it seemed well worth while[5] to chance it[6], so he fell to[7] groaning[8] with considerable spirit.

But Sid slept on[9], unconscious.

Tom groaned louder, and fancied[10] that he began to feel pain in the toe.

No result from Sid.

Tom was panting[11] with his exertions[12] by this time. He took a rest and then swelled[13] himself up and fetched[14] a succession of admirable groans.

Sid snored on.

Tom was aggravated[15]. He said, 'Sid, Sid!' and shook him. This course[16] worked well, and Tom began to groan again. Sid yawned, stretched, then brought himself up on his elbow with a snort, and began to stare at Tom. Tom went on groaning. Sid said:

'Tom! say, Tom!'

No response.

'Here, Tom! Tom! What is the matter[17], Tom?' And he shook him, and looked in his face anxiously[18].

Tom moaned[19] out:

'Oh, don't, Sid. Don't joggle me.'

---

1. **eager** : *enthousiaste, impatient, passionné* ; **eagerly** : *avec empressement, enthousiasme, impatience.*

2. **sore** : *douloureux, qui fait mal* ; **to have sore feet/a sore throat** : *avoir mal aux pieds/à la gorge.*

3. **to hold (held, held)** : *tenir* ; **a hold-up** : *vol à main armée* ; **hands up** ! *haut les mains ! les mains en l'air* !

4. **however** : *cependant, pourtant.*

5. **it is worth while** : *cela vaut la peine.*

6. **to chance it** : *le risquer, le tenter* ; *s'y risquer, tenter sa chance.*

7. **to fall to + ing** : *se mettre à* ; **spirit** : *énergie, entrain.*

8. **to groan** : *gémir.*

9. **to sleep on** : *continuer à dormir* ; **unconscious** : *inconscient,* d'où *profondément.*

Le garçon sortit donc l'orteil qui lui faisait mal avec empressement de dessous le drap et le prit pour l'inspecter. Mais il n'était maintenant plus très sûr des symptômes requis. Ce stratagème valait pourtant la peine d'être tenté, aussi se mit-il à gémir en y mettant beaucoup d'énergie.

Sid cependant continuait à dormir profondément.

Tom redoubla ses gémissements et finit par croire qu'il commençait à ressentir une vraie douleur dans l'orteil.

Cela n'avait toujours pas d'effet sur Sid.

Tom en était arrivé à perdre sa respiration avec tous ses efforts. Il se reposa, reprit tout son souffle et parvint à produire une belle série de gémissements.

Sid ronflait de plus belle.

Tom en fut irrité. Il fit « Sid, Sid ! » tout en le secouant. Ce geste eut l'effet désiré ; Tom se remit à gémir. Sid bâilla, s'étira puis se redressa en s'appuyant sur le coude tout en poussant un grognement et se mit à regarder Tom en le fixant. Tom continuait de gémir. Sid s'exclama :

« Tom ! oh dis, Tom ! »

Silence.

« Écoute, Tom ! Oh écoute, Tom ! qu'est-ce que tu as ? » Il le secouait tout en lui scrutant le visage d'un air anxieux.

Tom dans un long gémissement fit :

« Oh, Sid, attention, ne me secoue pas. »

---

10. **to fancy** : *s'imaginer* ; *désirer, vouloir* ; **do you fancy a cup of tea ?** *voulez-vous une tasse de thé* ?

11. **to pant** : *être essoufflé, à bout de souffle.*

12. **exertion** : *exercice physique* ; **to exert oneself** : *se dépenser, faire de gros efforts.*

13. **to swell (swelled, swollen)** : *enfler, gonfler.*

14. **to fetch** : *chercher, aller chercher.*

15. **to aggravate** : *agacer, irriter* ; *aggraver.*

16. **this course** : *ce processus, ce procédé, ce cap* (navire), d'où *ce geste.*

17. **what is the matter ?** *qu'y a-t-il ?* ; *que se passe-t-il* ?

18. **anxious** : *anxieux, angoissé, impatient, inquiet.*

19. **to moan** : *gémir, se lamenter.*

'Why[1], what's the matter, Tom? I must call Auntie[2].'

'No, never mind[3]. It'll be over[4] by and by[5], maybe. Don't call anybody.'

'But I must! Don't groan so, Tom, it's awful. How long you been this way[6]?'

'Hours. Ouch[7]! Oh, don't stir so[8], Sid. You'll kill me.'

'Tom, why didn't you wake me sooner? Oh, Tom, don't!

It makes my flesh crawl[9] to hear you. Tom, what is the matter?'

'I forgive you everything, Sid. (Groan.) Everything you've ever done to me. When I'm gone[10] – '

'Oh, Tom, you ain't dying[11], are you? Don't, Tom. Oh, don't. Maybe – '

'I forgive everybody, Sid. [Groan.] Tell'em[12] so, Sid. And, Sid, you give my window-sash, and my cat with one eye to that new girl that's come to town, and tell her – '

But Sid had snatched[13] his clothes and gone. Tom was suffering in reality now, so handsomely was his imagination working, and so his groans had gathered quite a genuine[14] tone.

Sid flew[15] downstairs and said:

'Oh, Aunt Polly, come! Tom's dying!'

'Dying!'

'Yes'm[16]. Don't wait, come quick!'

---

1. **why** : *pourquoi* ; (interjection) *eh bien ! tiens ! mais ! comment donc ! voyons !*

2. **auntie** : suffixe exprimant l'affection (**dearie, sweetie**).

3. **never mind** : *ne t'en soucie pas, cela n'a pas d'importance, peu importe.*

4. **it will be over** : *ce sera fini.*

5. **by and by** : *bientôt* ; (GB : **soon, presently**).

6. **how long have you been... ?** : *depuis quand es-tu... ?* Noter l'emploi du **present perfect** rendu par un présent en français.

7. **ouch** : onomatopée indiquant douleur, surprise ou stupeur, rendue par *aïe, ouille...non, vraiment* ; **to kill** : *tuer*, ici : *faire mourir.*

8. **to stir** : *remuer, faire bouger.*

9. **it makes my flesh crawl...** (US) : *cela me donne la chair de poule* ; **it gives me the creeps** (US) ; **it gives me gooseflesh** (GB) ; **to crawl** : *ramper, se déplacer comme un insecte.*

« Eh bien, qu'est-ce que tu as, Tom ? Il faut prévenir Tante. »

« Non, c'est pas la peine. Ça va bientôt passer, peut-être. Ne préviens personne. »

« Mais si, il faut ! Arrête-toi de gémir comme ça, Tom, c'est horrible. Depuis quand es-tu comme ça ? »

« Des heures. Aïe ! Oh , ne me fais pas bouger, Sid. Tu vas me faire mourir. »

« Tom, pourquoi tu ne m'as pas réveillé plus tôt ? Oh, Tom, arrête ! T'entendre gémir me donne la chair de poule. Tom, qu'est-ce que tu as ? »

« Je te pardonne tout, Sid. (Nouveau gémissement.) Vraiment tout ce que tu m'as fait. Quand je ne serai plus là... »

« Oh, Tom, dis, t'es pas en train de mourir ? Arrête, Tom. Oh, arrête. Peut-être... »

« Je pardonne à tout le monde, Sid. (Nouveau gémissement.) Dis-leur bien, Sid. Et puis, Sid, donne ma fenêtre à guillotine et mon chat borgne à la fille qui vient d'arriver en ville et tu lui diras... »

Mais, après avoir saisi ses vêtements, Sid n'était plus là. Tom maintenant souffrait vraiment ; son imagination œuvrait si bien que ses gémissements avaient pris un ton tout à fait authentique.

Sid descendit l'escalier quatre à quatre en criant :

« Oh, Tante Polly, venez vite ! Tom est en train de mourir ! »

« En train de mourir ! »

« Oui, ma tante. Perdez pas de temps, venez vite ! »

---

10. **when I am gone** : *quand je serai parti/mort.*

11. **ain't/are not dying** : (**to die** : *mourir*).

12 **tell 'em** pour **tell them** : *dis-leur.*

13. **to snatch** : *attraper, saisir, prendre rapidement.*

14. **genuine** : *authentique.*

15. **to fly** (**flew, flown**) : *voler, filer,* d'où ici : *descendre l'escalier quatre à quatre.*

16. **yes'm** : **yes M'am** ; les enfants dans le Sud appellent leurs parents **Madam, Sir.** Sid, le frère de Tom, marque ainsi son respect envers leur tante.

**'Rubbage[1]! I don't believe it!'**

**But she fled[2] upstairs nevertheless, with Sid and Mary at her heels[3]. And her face grew white, too, and her lips trembled. When she reached[4] the bedside she gasped[5] out:**

**'You Tom! Tom, what's the matter with you?'**

**'Oh, Auntie, I'm – '**

**'What's the matter with you – what *is*[6] the matter with you, child?'**

**'Oh, Auntie, my sore toe's mortified[7]!'**

**The old lady sank down[8] into a chair and laughed a little, then cried[9] a little, then did both together. This restored her[10], and she said:**

**'Tom, what a turn[11] you did give me. Now you shut up[12] that nonsense and climb out of this.'**

**The groans ceased, and the pain vanished from the toe. The boy felt a little foolish, and he said:**

**'Aunt Polly, it *seemed*[13] mortified, and it hurt so I never minded[14] my tooth at all.'**

**'Your tooth, indeed! What's the matter with your tooth?'**

**'One of them's loose[15], and it aches[16] perfectly awful.'**

**'There, there now[17], don't begin that groaning again. Open your mouth. Well, your tooth *is*[18] loose, but you're not going to die about that. Mary, get me a silk thread, and a chunk[19] of fire out of the kitchen.'**

---

1. **rubbage, rubbish, nonsense** : *balivernes, sottises.*
2. **to flee (fled, fled)** : *fuir, s'enfuir* ; *aller vite, courir, filer.*
3. **heel** : talon ; **at/upon her heels** : *sur ses talons* ; **well-heeled** : *bien chaussé,* d'où : *à l'aise, riche.*
4. **to reach** : *atteindre, parvenir.*
5. **to gasp** : *être haletant, ne plus avoir de souffle* ; **to gasp out** : *s'exprimer en haletant.*
6. ***is*** : les italiques marquent l'insistance rendue par : *donc.*
7. **to mortify** : *mortifier* ; *nécroser.*
8. **to sink (sank, sunk)** : *sombrer, s'enfoncer.*
9. **to cry** : *pleurer* ; **cry-baby** : *pleurnichard, poule mouillée.*
10. **to restore** : *restaurer, redonner des forces* ; *restaurer* (urbanisme) **to regentrify.**

« Balivernes ! Je n'en crois rien ! »

Ce qui ne l'empêcha point de courir au premier étage, Sid et Mary sur ses talons. Son visage était aussi devenu tout blanc et ses lèvres tremblaient. Quand elle fut près du lit, ses mots sortirent dans un halètement :

« Allons, Tom ! Tom, dis-moi vite ce qui t'arrive »,

« Oh, ma p'tite tante, je suis en train de... »

« Qu'est-ce qui t'arrive ? – mais qu'est-ce qui t'arrive donc, mon enfant ? »

« Oh, ma p'tite tante, l'orteil qui me fait mal est comme mort ! »

La vieille dame s'enfonça dans un fauteuil, se mit à rire un peu, puis à pleurer un peu pour pleurer et rire à la fois ensuite. Cela lui redonna des forces et la fit parler :

« Tom, tu m'as fait une frayeur. Tu vas maintenant arrêter de dire des bêtises et arrêter tes comédies. »

Les gémissements cessèrent et la douleur disparut dans l'orteil. Le garçon se sentit un peu stupide et se mit à parler :

« Tante Polly, l'orteil semblait vraiment mort et me faisait mal comme s'il était mort ; au point que j'en ai oublié la dent qui me fait mal »

« Mal à une dent, tiens donc ! Qu'est-ce qu'elle a ta dent ? »

« L'une d'elles bouge et me fait terriblement mal ! »

« Eh bien, voyons, voyons, ne te remets pas à gémir. Ouvre grand la bouche. Bien, ta dent bouge *vraiment*, mais tu ne vas pas en mourir. Mary, va me chercher un bout de fil de soie et un brandon dans le feu de la cuisine. »

---

11. **turn** : *coup, frayeur* ; *crise nerveuse* ; **you gave me a turn/fright** : *vous m'avez donné un coup, une frayeur.*

12. **to shut** (**shut, shut**) **up** : *fermer, stopper* ; *se taire* ; **shut up** : *taisez-vous* ; (US) **shed up** : *ferme(z)-la* ; **nonsense** : *sottises, balivernes que cela.*

13. ***seemed*** : italiques marquant l'insistance.

14. **to mind** : *faire/prêter attention à* ; **mind the gap/the step** : *attention à l'espace entre le train et le quai/à la marche.*

15. **loose** : *lâche, relâché, qui bouge.*

16. **to ache** : *faire mal, être douloureux* ; (dent, estomac, ventre, tête : **toothache, stomachache, tummyache, headache**).

17. **there, there now** : ici : *allons, allons.*

18. ***is*** : italiques marquant l'insistance.

19. **chunk** : *gros morceau* (métal, bois) ; *quignon* (pain) ; ici *brandon.*

**Tom said:**

**'Oh, please, Auntie[1], don't pull it out[2], it don't hurt[3] any more[4]. I wish I may never stir if it does. Please don't, Auntie, *I*[5] don't want to stay home from school.'**

**'Oh, you don't, don't you? So all this row[6] was because you thought you'd get to stay home from school and go a fishing[7]? Tom, Tom, I love you so, and you seem to try every way you can to break my old heart with your outrageousness[8].'**

**By this time the dental instruments were ready. The old lady made one end of the silk thread fast[9] to Tom's tooth with a loop and tied[10] the other to the bed-post. Then she seized the chunk of fire and suddenly thrust[11] it almost into the boy's face. The tooth hung[12] dangling by the bed-post, now.**

**But all trials[13] bring their compensations. As Tom wended[14] to school after breakfast, he was the envy of every boy he met because the gap in his upper row of teeth enabled him to expectorate in a new and admirable way[15]. He gathered[16] quite a following[17] of lads[18] interested in the exhibition[19]; and one that had cut his finger and had been a centre of fascination and homage up to this time, now found himself suddenly without an adherent, and shorn[20] of his glory.**

---

1. **Auntie**, expression affectueuse, est rendu par « *ma p'tite tante* ».

2. **to pull out** : *arracher, enlever.*

3. **it don't hurt** pour **it doesn't hurt** ; **to hurt (hurt, hurt)** : *faire mal, être douloureux* ; **to hit, (hit, hit)** : *heurter, frapper.*

4. **any more** : *plus* (c'est épuisé, il n'y en a plus...) ; Tom devrait dire : **any longer** (la douleur est partie/a disparu).

5. ***I*** : italique marquant insistance rendue par : je ne veux absolument pas.

6. **row** : *raffut, boucan, bagarre, chamaillerie, querelle.*

7. **to go a fishing** (US)/ **to go fishing** (GB) : *aller à la pêche.*

8. **outrageousness** : *action(s) déshonorante(s)* ; ici : *friponneries* ; **outrageous** : *outrageant, déshonorant, indigne.*

9. **to make fast** : *attacher* ; **to fasten** : *attacher, lier.*

10. **to tie** : *lier, nouer, attacher.*

Tom se remit à parler :

« S'il te plaît, ma p'tite tante, ne me l'arrache pas, elle me fait plus mal. Si jamais elle bouge encore, je suis prêt à ne plus remuer du tout. Je t'en prie, ma p'tite tante, ne l'arrache pas ; je ne veux absolument pas manquer l'école. »

« Ah, vraiment, c'est bien ça ? Alors tout ce raffut pour rester à la maison, comme tu l'espérais, et manquer l'école pour aller à la pêche ! Tom, mon petit Tom, je t'aime tant, mais tu sembles tout faire pour briser mon vieux cœur avec toutes tes friponneries. »

Les instruments pour l'extraction de la dent étaient maintenant fin prêts. La vieille dame fit une boucle autour de la dent de Tom avec le fil de soie et attacha le bout au bois du lit. Elle saisit alors le brandon et l'avança soudainement vers le visage du garçon.
La dent se balançait maintenant au bois du lit.

Mais toute épreuve comporte des compensations. Tandis qu'après le petit déjeuner Tom se rendait à l'école, il était devenu l'envie de tous les garçons qu'il rencontrait en raison du trou qu'avait laissé sa dent du haut, ce qui lui permettait de cracher d'une manière toute nouvelle qui faisait l'admiration de tous. Il était suivi par un groupe imposant de garnements tous intéressés par ses démonstrations. Celui qui s'était coupé le doigt et était depuis devenu pour tous un objet de fascination et s'était vu accorder toutes les marques de respect, se retrouva soudain sans admirateur et dépouillé de toute sa gloire.

---

11. **to thrust (thrust, thrust)** : *avancer, pousser, présenter soudainement, faire une botte* (escrime).

12. **to hang (hung, hung)** : *pendre, être accroché.*

13. **trial** : *jugement, épreuve.*

14. **to wend (one's way)** : *aller* (son chemin).

15. mot à mot : *parce que le trou dans la rangée supérieure de ses dents lui permettait d'expectorer d'une manière nouvelle et admirable.*

16. **to gather** : *assembler, rassembler, réunir.*

17. **following** : *suite, attroupement.*

18. **lad** : *gars, garcon, garnement* ; **lass** : *fille.*

19. **exhibition** : *exposition, exhibition*, ici : *démonstratrion.*

20. **to shear (shore, shorn)** : *tondre* (moutons), *tailler* (haies), *couper, enlever* ; **shears** : *cisailles.*

**His heart was heavy, and he said with a disdain which he did not feel, that it wasn't anything to spit[1] like Tom Sawyer; but another boy said 'Sour grapes[2]!' and he wandered away[3] a dismantled[4] hero.**

**Shortly Tom came upon the juvenile pariah of the village, Huckleberry Finn, son of the town drunkard. Huckleberry was cordially hated[5] and dreaded[6] by all the mothers of the town because he was idle, and lawless, and vulgar, and bad[7] – and because all their children admired him so, and delighted in his forbidden society[8], and wished they dared[9] to be like him. Tom was like the rest of the respectable boys in that he envied Huckleberry his gaudy[10] outcast[11] condition, and was under strict orders not to play with him. So he played with him every time he got a chance[12]. Huckleberry was always dressed in the cast-off[13] clothes of full-grown[14] men, and they were in perennial bloom[15] and fluttering with rags[16]. His hat was a vast ruin[17] with a wide crescent[18] lopped out[19] of its brim[20]; his coat[21], when he wore one, hung[22] nearly to his heels, and had the rearward buttons far down the back; but one[23] suspender[24] supported his trousers; the seat of the trousers bagged[25] low and contained nothing; the fringed legs dragged in the dirt when not rolled up. Huckleberry came and went at his own free will[26].**

---

1. **to spit (spat,spat)** : *cracher* ; **he is the spitting image of his father** : *c'est son père tout craché.*

2. **sour grapes** : *ils sont trop verts* (**grapes** : *raisins*) allusion à la fable du renard et les raisins d'Ésope, reprise par La Fontaine.

3. **to wander** : *aller sans but* ; **to wander away** : *s'éloigner.*

4. **to dismantle** : *démanteler, démonter,* ici *faire tomber de son piédestal.*

5. **to hate** : *haïr* ; **hate, hatred** : *haine.*

6. **to dread** : *appréhender, craindre, redouter* ; **dread** : *crainte, effroi, terreur.*

7. **idle** : *désœuvré, oisif* ; **idleness** : *oisiveté* ; **lawless** : *sans loi, indiscipliné* ; **lawlessness** : *anarchie, manque de respect envers la loi* ; **bad, wicked** : *malfaisant, mauvais, méchant.*

8. **to delight in the society (of)** : *se complaire, trouver du plaisir dans la compagnie (de).*

9. **to dare** : *oser, avoir l'audace/le courage de.*

10. **gaudy** : *éclatant, voyant, criard, de mauvais goût,* ici : *bien établi.*

11. **outcast** : *banni, exilé, proscrit,* ici, *marginal, paria.*

12. **to get a chance (of)** : *avoir l'occasion, l'opportunité (de).*

Il en eut le cœur gros et déclara avec tout le dédain qu'il feignait de ressentir que cracher comme Tom n'avait rien de spécial. Alors l'un des garçons lui lança « Ils sont trop verts ! » ce qui fit tomber de son piédestal et s'éloigner ce héros, la tête basse.

Peu de temps après Tom croisa le jeune paria du village, Huckleberry Finn, le fils de l'ivrogne du coin. Huckleberry était l'objet de toute la haine et de toute la crainte de toutes les mères de tous les écoliers ; c'était en effet un modèle d'oisiveté, d'indiscipline, de vulgarité et de malfaisance — car tous leurs enfants l'admiraient, se complaisaient, bien qu'on le leur interdise, à le fréquenter et souhaitaient avoir le courage de l'imiter. Tom n'échappait pas à la règle parmi tous ces garçons respectables, dans la mesure où il enviait Hucklebery pour son état bien établi de hors-la-loi marginal et il avait reçu des instructions strictes de ne pas jouer avec lui. Aussi jouait-il avec lui chaque fois que l'occasion s'en présentait. Huckleberry portait toujours des vêtements d'adultes mis à la poubelle, qui gardaient un éclat pérenne avec tous leurs lambeaux qui flottaient au vent. Son chapeau était un énorme désastre dont le bord était amputé d'un large morceau ; son habit, quand il en portait un, lui battait presque les talons, les boutons cousus dans le dos étaient bien plus bas que sa taille ; un seul bout de bretelle tenait son pantalon dont le fond vide pendait entre ses genoux ; lorsqu'ils n'étaient pas roulés, les bords effrangés traînaient dans la poussière. Huckleberry allait et venait où il voulait sans contrainte aucune.

---

13. **cast-off** : *mis au rebut, jeté* ; ici : *mis à la poubelle.*
14. **full-grown** : *adulte, de taille adulte* .
15. **bloom** : *en pleine fleur/floraison*, ici : *éclat.*
16. **rag** : *chiffon, lambeau.*
17. **ruin**, *ruine*, ici, *désastre.*
18. **crescent** : *croissant*, ici : *morceau.*
19. **to lop out** : couper, enlever ; ici : amputer.
20. **brim** : *bord* (d'un chapeau, d'une tasse, d'unverre).
21. **coat** : *manteau, veste, habit.*
22. **to hang (hung, hung)** : *pendre* ; **to be hanged** : *être pendu* (exécution).
23. **but one...** : *un(e) seul(e)... rien qu'un(e)..., un(e) unique...*
24. **suspenders** (US) : *bretelles* ; (GB) *jarretelles* ; **braces** (GB) : *bretelles.*
25. **to bag** : *pendre, s'affaisser* ; **baggy trousers** : *pantalon avec des poches aux genoux.*
26. **to come and go** : *aller et venir* ; **at his own free will** : *selon sa volonté/son caprice/à sa guise.*

**He slept on door-steps in fine weather, and in empty hogsheads in wet; he did not have to go to school or to church, or call any being master[1], or obey anybody; he could go fishing or swimming when and where he chose[2], and stay as long as it suited[3] him; nobody forbade him to fight; he could sit up as late as he pleased; he was always the first boy that went barefoot[4] in the spring and the last to resume[5] leather[6] in the fall[7]; he never had to wash, nor put on clean clothes; he could swear[8] wonderfully[9]. In a word, everything that goes to make life precious, that boy had[10]. So thought every harassed[11], hampered[12], respectable boy in St Petersburg. Tom hailed[13] the romantic outcast[14]:**

**'Hello, Huckleberry!'**

**'Hello yourself, and see how you like it.'**

**'What's that you got[15]?'**

**'Dead cat.'**

**'Lemme see him[16], Huck. My[17], he's pretty stiff[18]. Where'd you get him[19]?'**

**'Bought him off'm a boy[20].'**

**'What did you give?'**

**'I give a blue ticket[21] and a bladder that I got at the slaughter-house.'**

**'Where'd you get the blue ticket?'**

**'Bought it off'n Ben Rogers two weeks ago for a hoopstick[22].'**

---

1. **master** : *maître.*

2. **to choose (chose, chosen)** : *choisir, décider.*

3. **to suit** : *convenir* ; **it suits me** : *cela me convient.*

4. **barefoot** : pieds nus ; **to be barefooted/bareheaded** : être pieds nus/tête nue.

5. **to resume** : *reprendre, recommencer* ; attention ! *résumer* : **to sum up** ; **to summarize.**

6. **leather** : *cuir* d'où *chaussures.*

7. **fall** (US) : *automne* ; **autumn** (GB).

8. **to swear (swore, sworn)** : *jurer, prêter serment* ; *prononcer des jurons, jurer.*

9. **wonderfully** : *merveilleusement* (dans ce passage Mark Twain donne le point de vue des enfants bien élevés qui néanmoins prennent Huckleberry comme modèle).

10. m. à m. : *tout ce qui rend la vie précieuse, ce garçon le possédait.*

11. **to harass** : *harceler* ; **to tire out, to exhaust, to fag out** : *harasser.*

12. **to hamper** : *entraver, gêner.*

Par beau temps il dormait sur les pas de porte, et quand il pleuvait, dans des tonneaux; il n'était obligé d'aller ni à l'école ni à l'église, il n'était pas non plus obligé de donner du « Monsieur » à qui que ce soit ni d'obéir à personne; il pouvait aller pêcher ou nager quand et où il voulait et y rester aussi longtemps que ça lui plaisait; personne ne lui interdisait de se bagarrer; il pouvait rester à veiller aussi tard que ça lui plaisait; c'était toujours lui le premier des garçons à aller nu-pieds au printemps et le dernier à mettre des chaussures en cuir en automne; il n'était jamais obligé de se laver ni de mettre des vêtements propres; il pouvait jurer comme un troupier. En un mot, tout ce qui donne du prix à la vie, ce garçon le faisait. C'est ce qu'à Saint Petersburg pensaient tous les garçons bien élevés, qu'on tenait bridés et qu'on harcelait d'interdits sans arrêt. Tom lança à ce paria plein de charme romantique :

« Salut, Huckleberry ! »

« Salut à toi, regarde ça si ça t' plaît. »

« Qu'est-ce que t'as dégoté ? »

« Un chat crevé. »

« Fais voir un peu, Huck. Mince alors, il est bien raide. Où tu l'as eu ? »

« J'lai acheté à un gars. »

« Contre quoi ? »

« J'lui ai refilé un certif' de bonne conduite et une vessie que j'avais eue à l'abattoir. »

« Où t'avais eu le certif' ? »

« J'l'avais échangé à Ben Rogers il y a deux semaines contre un bâton à cerceau. »

---

13. **to hail** : *saluer.*
14. **outcast** : *rejeté par la société, marginal, paria.*
15. **What is that you have got ?** *Qu'as-tu là ?*
16. **Let me see him** : *laisse-moi (le) voir....*
17. **My (God)** : (exclamation exprimant l'admiration ou l'étonnement) *Mon Dieu* ; (ici) *Mince.*
18. **pretty** : (adj.) *joli, beau* ; (adv.) *assez, plutôt, pas mal, bien* ; **stiff** : *raide*, d'où : *cadavre.*
19. **Where did you get him ?** *Où l'as-tu trouvé ?*
20. **I bought him from a boy** : *je l'ai acheté à un garcon.*
21. **blue ticket** (désuet) : équivalent du certificat de bonne conduite délivré par les autorités militaires aux conscrits n'ayant subi aucune punition durant leur service militaire.
22. **hoop-stick** : *bâton à cerceau.*

'Say – what is dead cats good for[1], Huck?'

'Good for? Cure[2] warts with.'

'No? Is that so? I know something that's better.'

'I bet[3] you don't. What is it?'

'Why, spunk-water.'

'Spunk-water! I wouldn't give a dern[4] for spunk-water.'

'You wouldn't, wouldn't you? D'you ever try it[5]?'

'No, I hain't[6]. But Bob Tanner did.'

'Who told you so?'

'Why, he told Jeff Thatcher, and Jeff told Johnny Baker, and Johnny told Jim Hollis, and Jim told Ben Rogers, and Ben told a nigger[7], and the nigger told me. There now[8]!'

'Well, what of it[9]? They'll all lie[10]. Leastaways[11] all but the nigger, I don't know *him*[12]. But I never see a nigger that *wouldn't*[13] lie. Shucks[14]! Now you tell me how Bob Tanner done[15] it, Huck.'

'Why[16], he took and dipped his hand in a rotten[17] stump where the rain-water was.'

'In the daytime?'

'Certainly.'

'With his face to the stump?'

'Yes. Least[18] I reckon[19] so.'

'Did he *say* anything?'

'I don't reckon he did, I don't know.'

---

1. **what is... good for ?** *à quoi sert...* ?

2. **to cure/ to heal** : *guérir, soigner* ; **healer** : *guérisseur.*

3. **to bet (bet, bet)** : *parier.*

4. **dern** : familier pour **damn (I don't give a damn** : *j'en ai rien à faire*).

5. **D'you ever try it ?** abrév. de **did you ever try it ?**

6. **I hain't** pour **I have not.**

7. **nigger** : "*nègre*" (injure raciste de nos jours).

8. **There now** : *Et voilà* !

9. **What of it ?** : *Et alors ?* (syn. **So what ?**).

10. **to lie** : *mentir.*

11. **Leastaways ( = anyway/anyhow)** : *en tout cas* ; **at least** : *du moins* ; **always** : *toujours.*

« Dis-moi voir ... à quoi ça peut bien t'servir un chat crevé ? »

« À quoi ? à guérir les verrues, pardi. »

« Non ? C'est vrai ? Moi, j'connais quelque chose qui marche bien mieux »

« J'parie que tu sais pas. Et c'est quoi ? »

« Eh ben, d'l'eau croupie. »

« D' l'eau croupie ! j'me fierais pas du tout à d' l'eau croupie. »

« Vraiment ? Tu t'y fierais pas ? As-tu déjà essayé ? »

« Non, jamais d'ma vie. Bob Tanner, lui, oui. »

« Qui t' l'a dit ? »

« Eh ben, il l'a raconté à Jeff Thatcher, puis Jeff l'a raconté à Johnny Baker, et Johnny l'a raconté à Jim Hollis, et Jim l'a raconté à Ben Rogers, et Ben l'a raconté à un nègre et ce nègre me l'a raconté. Et alors, tu m' crois ? »

« Tu parles, et alors ! Ils racontent tous des histoires. Peut-être pas tous mais sûrement l' nègre. Lui, pour sûr, j'le connais pas. Mais j'ai jamais rencontré un nègre qui n' te raconte pas des histoires. Tu parles ! Maintenant dis moi, Huck, comment Bob Tanner s'y est pris. »

« Eh ben, il s'est pris la main et l'a plongée dans une souche pourrie où il y avait de l'eau de pluie. »

« Dans la journée ? »

« Bien sûr. »

« En regardant la souche ? »

« Ouais, j'crois bien. »

« Et est-ce qu'il a prononcé quelque chose ? »

« J'crois qu'il a rien dit, enfin j'sais pas. »

---

12. ***him*** : italiques indiquant une forme d'insistance.

13. ***wouldn't*** : **would**, forme fréquentative, indique la récurrence, une constante.

14. **Shucks !** *tu parles !* (fam.).

15. **done it** pour **did it**.

16. **Why** (fam.) : selon contexte rendu par *Eh bien !, tiens !, écoute donc !, mon vieux.*

17. **to rot (rot, rotten)** : *pourrir.*

18. **Least** : familier pour **at least**.

19. **to reckon** : *penser, estimer* (US) ; *calculer* (US & GB).

'Aha! Talk about trying to cure warts with spunk-water such a blame fool way[1] as that[2]! Why, that ain't a going to do any good[3]. You got to go by yourself to the middle of the woods, where you know there's a spunk-water stump, and just as it's midnight you back up[4] against the stump and jam[5] your hand in and say:

Barley-corn[6], barley-corn, injun-meal[7] shorts[8],
Spunk-water, spunk-water, swaller[9] these warts,

and then walk away quick, eleven steps, with your eyes shut, and then turn around three times and walk home without speaking to anybody. Because if you speak the charm's[10] busted[11].'

'Well, that sounds like a good way; but that ain't the way Bob Tanner done[12].'

'No, sir, you can bet he didn't; becuz[13] he's the wartiest boy in this town; and he wouldn't have a wart on him if he'd knowed[14] how to work spunk-water. I've took off[15] thousands of warts off of my hands that way, Huck. I play with frogs so much that I've always got considerable many[16] warts. Sometimes I take 'em off with a bean.'

'Yes, bean's good. I've done that.'

'Have you? What's your way?'

---

1. **a blame fool way/a blinking foolish way,** *une manière/façon bien/bougrement stupide.*

2. mot à mot : *Parler de tenter de guérir des verrues avec de l'eau croupie, une telle manière aussi complètement stupide que cela !*

3. **that ain't a going to, that ain't gonna** (US) pour **that isn't going to.**

4. **to back up** : *reculer.*

5. **to jam** : *serrer, fourrer, enfoncer, coincer, encombrer* ; **traffic jam** : *encombrement, embouteillage.*

6. **barley** : *orge* ; **corn** : ici *grain, semence* : *maïs* **(Indian) corn** (US), **maize** (GB) ; [*blé, froment* : (US) **wheat**, (GB) **corn, wheat**] ; du sud au nord aux États-Unis : **cotton belt, corn belt, wheat belt** ; pour la traduction de cette comptine, en fait parodie d'un chant liturgique, on rend **barley-corn** par *sucre d'orge* (**barley-sugar**).

« Ha ! Ha ! Tu parles ! Essayer de faire partir des verrues avec de l'eau croupie d'une manière vachement aussi bête, tu parles ! Mon vieux, ça sert absolument à rien. 'Faut y aller complètement seul dans les bois où t'es sûr qu'y a de l'eau croupie dans une souche et à minuit tapant, tu vas à reculons jusqu'à la souche, t'y fourres la main en disant :

*Sucre d'orge, sucre d'orge, farine de maïs,*
*Eau croupie, eau croupie, avale-moi ces verrues,*

et puis tu t'barres à toute vibure, en faisant onze pas, les yeux fermés, puis tu tournes trois fois sur toi et rentres chez toi sans parler à personne. Parce que si tu parles à quelqu'un, le charme est rompu. »

« Eh ben, ça semble la bonne manière, mais c'est pas comme ça que Bob Tanner s'y est pris. »

« Bien sûr, mon vieux, tu peux être certain qu'i'n' s'y est pas pris comme ça ; pa'c'que c'est le gars le plus couvert de verrues du coin ; et il n'en aurait plus une sur lui s'il avait su s'y prendre avec de l'eau croupie. C'est comme ça que j'm'y suis pris pour faire partir les mille verrues qu' j'avais sur les mains, Huck. J' tripote tellement les grenouilles que j'attrape une quantité énorme de verrues. Parfois j'les fais partir avec une fève. »

« Ouais, ça marche avec une fève. J'l'ai fait. »

« Vraiment ? Et comment tu t'y es pris ? »

---

7. **injun** pour **Indian** ; **meal** : *farine* ; **flour** : (*fleur de*) *farine*.
8. **shorts** : (US) *farine brute*.
9. **swaller** pour **to swallow** : *avaler*.
10. **charm/spell** : *charme* ; **to cast, (cast, cast) a spell** : *jeter un sort*.
11. **to bust** pour **to burst (burst, burst)** : *briser, casser, rompre* ; éclater (pneu) ; **bust(ed)** : *cassé, fichu, foutu*.
12. **done** pour **did**.
13. **becuz/ because** : *pa'c'que*.
14. **knowed** pour **known**.
15. **took** pour **taken off** : *enlevé, fait partir*.
16. **considerable many** : forme intensive fautive ( = **very very many**).

'You take and split[1] the bean, and cut the wart so as to get some blood[2], and then you put the blood on one piece of the bean, and take and dig[3] a hole and bury it 'bout[4] midnight at the cross-roads in the dark of the moon[5], and then you burn up[6] the rest of the bean. You see that piece that's got the blood on it will keep[7] drawing and drawing[8], trying to fitch[9] the other piece to it, and so that helps the blood to draw the wart, and pretty soon off she comes[10].'

'Yes, that's it, Huck – that's it; though[11], when you're burying it, if you say, "Down bean, off wart; come no more to bother me!" it's better. That's the way Joe Harper does[12], and he's ben[13] nearly to Coonville, and most[14] everywhere. But say – how do you cure 'em with dead cats?'

'Why, you take your cat and go and get in the graveyard[15], long about midnight, where somebody that was wicked has been buried; and when it's midnight a devil will come, or maybe two or three, but you can't see 'em, you can only hear something like the wind, or maybe hear 'em talk; and when they're taking that feller[16] away, you heave your cat after 'em and say, "Devil follow corpse[17], cat follow devil, warts follow cat. *I'm* done with ye[18]!" That'll fetch *any*[19] wart.'

'Sounds right. D'you ever try it, Huck?'

'No, but old Mother Hopkins[20] told me.'

'Well, I reckon it's so, then, becuz they say she's a witch.'

---

1. **to split (split, split)** : *fendre, diviser, partager* ; **let us split** : *on partage les frais.*

2. m. à m. : *pour obtenir un peu de sang*; **blood** : *sang*; **to bleed (bled, bled)** : *saigner.*

3. **to dig (dug, dug)** : *creuser.*

4. **'bout** pour **about** : *environ, aux alentours.*

5. m. à m. : *dans l'obscurité de la lune.*

6. **to burn (burnt, burnt ; burned, burned) up** : *brûler complètement.*

7. **to keep + -ing** : *ne pas cesser de.*

8. **to draw (drew, drawn)** : *tirer, attirer.*

9. **fitch** transcription phonétique de la prononciation de Huckleberry de **to fetch** : *aller chercher.*

« Tu prends la fève et tu la fends, tu coupes la verrue pour la faire saigner un peu, alors tu mets un peu de sang sur la moitié de la fève, tu la prends, à un carrefour vers minuit tu creuses un trou quand y'a pas de lune, t'y enterres la fève et ensuite tu brûles l'autre moitié qui reste. Tu vois, la moitié où y'a du sang va attirer l'autre moitié et le sang va attirer la verrue et bientôt elle disparaît. »

« Ouais, c'est ça, Huck, c'est ça ; pourtant, quand tu enterres la moitié de la fève, si tu dis, "Descends fève, disparais verrue, et viens plus m'embêter !" ça marche encore mieux. C'est comme ça que Joe Harper s'y prend ; lui, il est presque allé jusqu'à Coonville, et presque partout. Mais dis un peu – comment tu t'y prends pour les guérir avec un chat crevé ? »

« Eh ben, tu prends ton chat et tu vas au cimetière vers minuit, quand on y a enterré quelqu'un de méchant ; à minuit, un démon, peut-être deux ou trois, viendront, mais tu les verras pas, tu entends seulement comme du vent ou p't-être tu les entends parler ; alors quand ils emmènent le gars, tu lances le chat vers eux en disant "Démon, suis le macchabée, chat, suis le démon, verrues, suivez le chat, moi, je veux plus vous voir !" J't'assure que toutes tes verrues partiront. »

« Ça paraît correct. T'as jamais essayé, Huck ? »

« Non, mais la vieille Mère Hopkins m'a dit qu' ça marchait. »

« Ben, j'pense que c'est vrai, parce qu'on raconte que c'est une sorcière. »

---

10. **off she comes** : *et la voilà partie* ; **up they went** : *et eux de monter.*
11. **though** : *quoique, bien que*, ici équivalent de **but, however** : *cependant.*
12. m. à m. : *c'est la manière/façon.*
13. **ben** pour **been.**
14. **most = almost, nearly** : *presque.*
15. **graveyard** : *cimetière* ; syn. **churchyard.**
16. **feller/fellow** : *homme, type, mec* ; **bloke, chap** (GB), **guy** (US.
17. **corpse** : *cadavre.*
18. **to be done with** : *en avoir fini avec* ; **ye = you.**
19. ***any*** : italiques d'insistance rendue par « toutes » (sans exception).
20. pas d'article devant titres ou appellations familières.

'*Say*[1]*!* Why, Tom, I *know*[2] she is. She witched[3] pap. Pap says so his own self[4]. He came along one day, and he see she was a witching[5] him, so he took up a rock, and if she hadn't dodged[6] he'd a got her[7]. Well, that very night he rolled off'n a shed[8] wher' he was a layin' drunk[9], and broke his arm.'

'Why, that's awful. How did he know she was a witching him?'

'Lord, Pap can tell, easy[10]. Pap says when they keep looking at you right stiddy[11], they're a witching you, specially if they mumble[12]. Becuz when they mumble they're a saying the Lords' Prayer backards[13].'

'Say, Hucky, when you going[14] to try the cat[15]?'

'Tonight. I reckon they'll come after[16] old Hoss Williams[17] tonight.'

'But they buried him Saturday, Huck. Didn't they get him Saturday night?'

'Why, how you talk[18]! How could their charms work till midnight? and then it's Sunday. Devils don't slosh around[19] much of a Sunday, I don't reckon.'

'I never thought of that. That's so. Lemme go with you?'

'Of course – if you ain't afeard[20].'

'Afeard! 'Tain't likely[21]. Will you meow?'

'Yes, and you meow back if you get a chance.'

---

1. ***Say!*** : interjection accentuée que seuls le contexte et la situation permettent de traduire : *dis-moi un peu, tu parles*, ici *et comment* !

2. ***know*** : italiques indiquant une accentuation rendue par : *moi, je le sais bien.*

3. **to witch** : *ensorceler* ; **pap** (aussi **pop**) pour **papa** : *papa, mon vieux, 'pa.*

4. **his own self** pour **himself** (forme emphatique).

5. **a witching** : forme désuète (US).

6. **to dodge** : *éviter, feinter* ; **dodge'em** pour **dodge them (cars)** : *évitez ces voitures, autotamponneuses.*

7). **he'd a got her** pour **he would have got her.**

8. **he rolled off'n a shed** pour **in a shed** : *il roula dans une cabane/grange.*

9. **wher' he was a laying drunk** pour **where he was alying(lying) drunk** : *où il était couché ivre*, d'où *où il cuvait sa cuite.*

10. **easy** pour **easily.**

« Et comment ! Tom, moi, j'sais bien que c'en est une. Elle a ensorcelée mon vieux qui l' dit lui-même. I' s'amène un jour et voit bien qu'elle est en train d' l'ensorceler ; alors il ramasse un pierre et si la vieille ne l'avait pas évitée il l'aurait eue. Eh bien, le soir même il s'est planqué dans une cabane pour y cuver sa cuite et s'est cassé le bras. »

« Mais c'est terrible. Comment a-t-il su qu'elle l'ensorcelait ? »

« Seigneur, 'pa peut l'deviner, c'est vachement fastoche. I' dit que quand une sorcière te regarde fixement, elle est en train de t'ensorceler, surtout si elle marmonne. Parce que quand elle marmonne, c'est qu'elle récite le Notre-Père à l'envers. »

« Dis-moi, Hucky, quand vas-tu essayer le coup du chat ? »

« Ce soir. J'pense que les démons vont venir chercher le vieux Hoss Williams cette nuit. »

« Mais on l'a enterré samedi. Ils sont pas venus l'prendre dans la nuit de samedi ? »

« Mais bon sang ! Réfléchis un peu ! Comment veux-tu que leurs charmes marchent à minuit ? quand le lendemain c'est justement dimanche. Les démons s'baladent pas trop le dimanche, du moins j'pense pas. »

« J'y avais jamais pensé. Ah ouais. Oh ! dis, laisse-moi aller avec toi. »

« Bien sûr – si t'as pas la trouille. »

« La trouille ! Sûrement pas. Tu vas miauler ? »

« Ouais et tu miauleras pour m'répondre si t'as assez d'temps. »

---

11. **stiddy** pour **steady** : *calmement, sans bouger* (prononciation de Hucklebury).

12. **to mumble** : *bougonner, marmonner.*

13. m. à m. *la prière du Seigneur* ; **backards** pour **backwards** : *en/vers l'arrière, à l'envers.*

14. **when you going** pour **when are you going.**

15. m. à m. *essayer le chat.*

16. **to come after** : *chercher.*

17. **old Hoss Williams** : *le vieux Hoss Williams* (pas d'article devant titre ou appellations familières).

18. mot à mot : *Mais, comment tu parles !*

19. **to slosh around** : *patauger dans la boue* ; ici *se balader.*

20. **afeard** pour **afraid.**

21. **'taint likely** pour **it isn't likely.**

'Last time[1] you kep' me a meowing[2] around till old Hays went to[3] throwing[4] rocks at me, and says[5], "Dern that cat[6]!" So I hove a brick through his window – but don't you tell[7].'

'I won't. I couldn't meow that night becuz Auntie was watching me; but I'll meow this time. Say, Huck, what's that?'

'Nothing but[8] a tick.'

'Where'd you get him[9]?'

'Out in the woods.'

'What'll you take for him?'

'I don't know. I don't want to sell him[10].'

'All right. It's a mighty[11] small tick, anyway.'

'Oh, anybody can run a tick down[12] that don't belong to them. I'm satisfied with it. It's a good enough tick for me.'

'Sho[13], there's ticks a plenty[14]. I could have a thousand of'em if I wanted to.'

'Well, why don't you? Becuz you know mighty well you can't. This is a pretty early[15] tick, I reckon. It's the first one I've seen this year[16].'

'Say, Huck, I'll give you my tooth for him.'

'Less see it[17].'

---

1. **last time** : on peut omettre l'article défini en anglais.

2. **you kep' me a meowing** pour **you kept me meowing**; **to keep, kept, kept + ing** : *obliger de, tenir à* ; **around** : *dans les parages.*

3. **to go (went, gone) to +ing/to fall (fell, fallen) to** : *se mettre à.*

4. **to throw (threw, thrown) at/to sb** : *lancer contre* (avec hostilité)/*à* (amicalement, sportivement).

5. **says** pour **said. Dern that cat** pour **Damned be that cat** : *que ce chat soit damné.*

6. **to heave (heaved/hove, heaved/hove), to cast (cast,cast), to hurl** : *jeter, lancer, projeter.*

7. **don't you tell** : forme d'insistance de l'impératif marquée par l'ajout du pronom; **to tell (told, told) on sbdy** : *rapporter, cafarder*; **snitch, telltale** : *rapporteur, cafard, cafteur*; **grass, informer** : *indic.*

8. **nothing but** : *rien d'autre que.*

« La dernière fois tu m'as obligé à miauler dans les parages jusqu'à c' que le vieux Hays se mette à me lancer des pierres en disant "que l' diable emporte ce chat !" J'ai donc balancé une brique dans sa fenêtre – mais surtout vas pas me cafter. »

« Bien sûr que non. J'ai pas pu miauler ce soir-là parce que j'étais surveillé par ma tante ; mais cette fois-ci je miaulerai. Dis, Huck, qu'est-ce que c'est ? »

« C'est une tique. »

« Où tu l'as eue ? »

« Dans les bois. »

« Combien t'en veux ? »

« J'sais pas. J'veux pas la vendre. »

« D'accord. Elle est bien petite d'toute façon. »

« Oh, bien sûr, on peut toujours trouver à redire quand c'est pas à vous. è'm'convient. C'est une assez bonne tique pour moi. »

« Ouais, il y en a des tas. J'pourrais en avoir un millier si j'voulais. »

« D'accord, mais pourquoi tu veux pas ? Parce que tu sais très bien que tu peux pas en attraper. C'est une des toutes premières tiques, j'crois bien. C'est la première que j'vois cette année. »

« Dis, Huck, j'te l'échange contre ma dent. »

« Montre-la moi. »

---

9. **Where'd get him** pour **where did you get him**.

10. note l'emploi de **him** : « *insecte* » est neutre mais devient masculin quand l'intérêt qu'il suscite grandit ; « *chat* » est féminin, sauf lorsqu'on veut insister sur sa masculinité ; « *bateau* » et « *machine* » sont du féminin.

11. **mighty** pour **very**.

12. **to run (ran, run) down** : *décrier, dénigrer, déprécier.*

13. **Sho** : transcription phonétique de la prononciation de **sure**.

14. **there's ticks aplenty** pour **there are ticks aplenty** (US) : *il y a des tiques en quantité* (**there are plenty of ticks**).

15. **early** : *tôt, le premier* ; **early fruit and vegetables** : *primeurs.*

16. **the first one I have seen this year** : *la première que je vois cette année* (noter le temps en anglais).

17. **less see it** pour **let us see it** : *voyons là.*

Tom got out a bit of paper and carefully unrolled it. Huckleberry viewed[1] it wistfully[2]. The temptation was very strong. At last he said:

'Is it genuwyne[3]?'

Tom lifted[4] his lip and showed the vacancy.

'Well, all right,' said Huckleberry; 'it's a trade[5].'

Tom enclosed the tick in the percussion-cap[6] box that had lately[7] been the pinch-bug's[8] prison, and the boys separated, each feeling wealthier than before.

[...]

1. **to view** : *regarder, examiner.*
2. **wistfully** : *avec convoitise/désir.*
3. **genuwyne** pour **genuine** : *authentique, véritable, vrai.*
4. **to lift** : *soulever, lever.*
5. **it's a trade/it's a deal** : *affaire conclue,marché conclu/tope-là.*
6. **percussion-cap** : *amorce.*
7. **lately** : *autrefois, auparavant, naguère, récemment.*
8. **bug** (US), **beetle** (GB) : *cafard, punaise, scarabée* ; **pinch-bug** (US), **stag-beetle** (GB) : *scarabée* (avec des pinces), *cerf-volant* (**stag** : *cerf*).

Tom sortit un bout de papier qu'il déroula avec soin. Huckleberry l'examina avec envie. La tentation fut trop forte. Il finit par demander :

« C'est une vraie de vrai ? »

Tom releva sa lèvre et montra le trou.

« Bien, d'accord, fit Huckleberry, marché conclu. »

Tom enferma la tique dans la boîte d'amorces qui servait auparavant de prison au scarabée ; sur ce, les garçons se séparèrent, chacun se sentant maintenant plus riche qu'auparavant.

[...]

## CHAPTER IX

At half past nine that night, Tom and Sid were sent to bed[1] as usual. They said their prayers, and Sid was soon asleep. Tom lay awake and waited in restless[2] impatience. When it seemed to him that it must be nearly daylight[3], he heard the clock strike ten[4]! This was despair[5]. He would have tossedand fidgeted[6], as his nerves[7] demanded[8], but he was afraid he might[9] wake Sid. So he lay still and stared up into the dark[10]. Everything was dismally still. By-and-by, out of the stillness[11] little scarcely perceptible noises began to emphasize themselves. The ticking of the clock began to bring itself into notice[12]. Old beams began to crack mysteriously. The stairs creaked faintly[13]. Evidently spirits were abroad[14]. A measured[15], muffled snore issued[16] from Aunt Polly's chamber. And now the tiresome chirping[17] of a cricket that no human ingenuity[18] could locate began. Next the ghastly ticking of a deathwatch[19] in the wall at the bed's head made Tom shudder – it meant that somebody's days were numbered. Then the howl of a far-off dog rose on the night air and was answered by a fainter howl from a remoter[20] distance. Tom was in an agony[21]. At last he was satisfied[22] that time had ceased and eternity begun; he began to doze in spite of himself; the clock chimed eleven, but he did not hear it.

---

1. **to send (sent, sent) to bed** : noter la forme passive rendue par **on**.
2. **restless** : *agité.*
3. m. à m. : *Quand il lui sembla que ce devait être presque plein jour.*
4. **to strike (stuck, struck)** : *frapper* ; ici, *sonner.*
5. m. à m. : *Ce fut du désespoir.*
6. **to toss** : *sauter, sautiller, faire sauter, lancer en l'air* ; **to fidget** : *s'agiter* ; *être nerveux.*
7. **nerve** : *nerf, courage, impudence* ; **what a nerve** : *quel toupet.*
8. **to demand** : *exiger* ; **to ask** : *demander.*
9. **I may (I might)** : *je peux/je pourrais* (permission) ; *il se peut/pourrait que je...* éventualité).
10. m. à m. : *Aussi demeura-t-il allongé immobile et fixa-t-il l'obscurité au-dessus de lui.*

# CHAPITRE IX

Ce soir-là, comme d'habitude, on envoya Tom et Sid se coucher à neuf heures et demie. Ils dirent leurs prières ; Sid s'endormit aussitôt. Tom demeura éveillé et attendit tout fiévreux d'impatience. Lorsqu'il lui sembla que le jour était près de se lever, il entendit la pendule sonner dix heures ! Quel ne fut pas son désespoir. Comme tous ses nerfs l'incitaient à le faire, il se serait bien tourné et aurait bien bougé, mais il avait peur de réveiller Sid. Il prit donc la résolution de rester allongé à regarder fixement l'obscurité au-dessus de lui. Un calme lugubre régnait dans la chambre. Peu à peu, de petits bruits à peine audibles se mirent à meubler le silence. Il finit par percevoir le tic-tac de la pendule. De vieilles poutres se mirent à émettre des craquements mystérieux. De l'escalier lui parvenaient de légers grincements. De toute évidence les esprits rôdaient dans la maison. De la chambre de Tante Polly lui parvenait tout assourdi un ronflement régulier. Ce fut alors que débuta le crissement irritant d'un grillon qu'aucune intelligence humaine n'aurait pu localiser. Ce fut ensuite, dans le mur derrière la tête du lit, l'effrayant tic-tac d'un insecte rongeur qui fit frissonner Tom – cela signifiait que les jours de quelqu'un étaient comptés. Puis dans le lointain monta dans la nuit le hurlement d'un chien auquel répondit de plus loin encore un hurlement plus faible. Tom était tout angoissé. Il finit par se convaincre que le temps s'était arrêté et que l'éternité avait commencé ; malgré lui il se mit à somnoler ; le carillon de la pendule égraina ses onze coups, mais il ne les entendit pas.

---

11. **stillness** : *calme, tranquillité* ; **to emphasize** : *augmenter, accentuer.*
12. **to bring oneself into notice** : *se faire remarquer.*
13. **faintly** : *faiblement.*
14. **abroad** : *à l'étranger* ; *de tous côtés* ; *dehors, de sortie.*
15. **measured** : *mesuré, rythmé* ; ici : *régulier.*
16. **to issue** : *émettre,* (*faire*) *sortir* ; (édition) *publier.*
17. **tiresome** : *fatigant,* d'où *irritant* ; **to chirp** : *gazouiller, pépier* ; *chanter, striduler.*
18. **ingenuity** : *ingéniosité* ; **to locate** : *localiser, situer.*
19. **deathwatch** : *anobie, vrillette, insecte, horloge de la mort.*
20. **far-off** : (*au*) *loin* ; **remote** : *éloigné,* ici au comparatif.
21. **agony** : *douleur atroce* ; *angoisse* (morale) .
22. **satisfied** : ici, *convaincu.*

And then there came, mingling with his half-formed dreams, a most melancholy[1] caterwauling. The raising of a neighbouring window disturbed him[2]. A cry of 'Scat! you devil!' [3] and the crash of an empty bottle against the back of his aunt's wood-shed[4] brought him wide awake, and a single minute later he was dressed and out of the window and creeping along the roof of the 'ell' on all fours[5]. He 'meow'd' with caution once or twice as he went; then jumped to the roof of the wood-shed, and thence to the ground. Huckleberry Finn was there, with his dead cat. The boys moved off and disappeared in the gloom. At the end of half an hour they were wading[6] through the tall grass of the graveyard.

It was a graveyard of the old-fashioned western kind. It was on a hill, about a mile and a half from the village. It had a crazy[7] board fence around it, which leaned inward in places, and outward the rest of the time, but stood upright[8] nowhere. Grass and weeds[9] grew rank[10] over the whole cemetery. All the old graves were sunken in[11]. There was not a tombstone on the place; round-topped, worm-eaten boards staggered[12] over the graves, leaning[13] for support[14] and finding none. 'Sacred to the memory of' so-and-so[15] had been painted on them once, but it could no longer have been read, on the most of them[16], now, even if there had been light.

---

1. **melancholy** : *affligé, attristant, désespéré, mélancolique, triste.*

2. m. à m. : *l'ouverture d'une fenêtre* (à guillotine) *voisine le dérangea.*

3. **to scat** : *bouger vite, filer, se grouiller* ; **to crash** : *se briser, s'écraser.*

4. **wood-shed** : *remise, hangar, cabane, appentis.*

5. m. à m. : *l'amena à (être) complètement réveillé et une seule minute plus tard il était habillé, hors de la fenêtre et rampait à quatre pattes sur le toit de l'appentis* ; **ell** : *appentis, auvent.*

6. **to wade** : *avancer, marcher* (herbes hautes, basses eaux, gué, boue...).

7. **crazy** : *fou, anormal, irrégulier.*

8. **upright** : (*bien*) *droit, vertical.*

Ce fut alors que vint se mêler à ses rêves à demi ébauchés un miaulement des plus affligés. Dans une maison voisine on souleva une fenêtre à guillotine, ce qui dérangea son sommeil. « Grouille-toi ! salopard ! », cet appel puis une bouteille vide qui se fracassa contre le mur du fond du bûcher de sa tante finirent de le réveiller complètement ; il n'eut besoin que d'une minute pour s'habiller, sortir par la fenêtre et ramper à quatre pattes sur le toit de l'appentis. Il lança avec prudence un ou deux miaous, sauta sur le toit du bûcher et de là par terre. Huckleberry l'y attendait avec son chat mort. Les garçons s'éloignèrent pour disparaître dans l'obscurité. Une demi-heure plus tard ils enjambaient les hautes herbes du cimetière.

C'était un cimetière à la mode ancienne de la côte ouest (des États-Unis). Il était situé sur une colline à environ un mille et demi du village. Il était entouré d'une palissade toute irrégulière faite de planches ; en certains endroits elle penchait vers l'intérieur, en d'autres vers l'extérieur mais ne se tenait droite nulle part. Tout le cimetière était envahi par l'herbe et par une végétation sauvage des plus vivaces. Toutes les tombes anciennes s'enfonçaient. On n'y voyait plus une seule pierre tombale ; sur les tombes se dressaient tout de guingois des panneaux de bois mangés par les vers et aux bords supérieurs arrondis : ces panneaux cherchaient un appui sans en trouver aucun. Sur la plupart d'entre eux on avait écrit autrefois à la peinture « Consacré à la mémoire de un(e) tel(le) », nom qui ne pouvait plus s'y lire maintenant, même en plein jour.

---

9. **weed** : *mauvaise herbe.*
10. **rank** : *luxuriant.*
11. **sunken (in)** : *enfoncé, en creux.*
12. **to stagger** : *chanceler, tituber.*
13. **to lean (leant, leant/leaned)** : *(s)'appuyer, (se) pencher.*
14. **support** : *soutien* ; *appui financier* ; **to support** : *soutenir, appuyer* ; *aider financièrement, entretenir.*
15. **so and so** : *un(e) tel(le).*
16. **(the) most of them** : *la plupart d'entre eux.*

A faint wind moaned through the trees, and Tom feared it might be the spirits of the dead[1] complaining[2] at being disturbed[3]. The boys talked little, and only under their breath[4], for the time and the place and the pervading[5] solemnity and silence oppressed their spirits. They found the sharp[6] new heap[7] they were seeking[8], and ensconced themselves within the protection of three great elms that grew in a bunch within[9] a few feet of the grave.

Then they waited in silence for what seemed a long time. The hooting of a distant owl was all the sound that troubled the dead stillness. Tom's reflection grew oppressive. He must force some talk[10]. So he said in a whisper:

'Hucky, do you believe the dead people like it for us to be here?'

Huckleberry whispered:

'I wisht I knowed. It's awful solemn like, ain't it[11]?'

'I bet[12] it is.'

There was a considerable pause, while the boys canvassed[13] this matter inwardly. Then Tom whispered:

'Say, Hucky – do you reckon Hoss Williams hears us talking?'

'O' course[14] he does. Least his spirit does.'

Tom, after a pause:

'I wish I'd said *Mister*[15] Williams.

---

1. **the dead** : les morts ; **the blind** : *les aveugles.*

2. **to complain (at + ing)** : *se plaindre de.*

3. **to disturb** : *déranger, gêner, troubler.*

4. **under one's breath** : *dans son souffle.*

5. **to pervade** : *envahir, gagner, se répandre* ; **pervading, pervasive** : envahissant.

6. **sharp** : *aigu, coupant* ; *vif* ; *visible, évident* ; *intelligent.*

7. **heap** : *tas, amas.*

8. m. à m. : *Ils trouvèrent le nouveau tas* (de terre) *récent qu'ils cherchaient.*

Une faible brise gémissait à travers les arbres; Tom craignait que ce ne fussent les esprits des défunts qui se plaignaient d'être dérangés. Les garçons parlaient peu et seulement dans leur souffle, tant le lieu et l'heure, tout comme le silence et la solennité qui y régnaient, oppressaient leur esprit. Ils finirent par trouver l'objet de leur quête : un monticule récent qui se détachait avec netteté ; ils se blottirent sous la protection de trois grands ormes qui faisaient un bouquet à un ou deux mètres de la tombe.

Ils attendirent alors en silence pendant, leur sembla-t-il, une éternité. Le hululement d'une chouette fut le seul bruit qui vint troubler ce calme lugubre. Les pensées de Tom l'oppressaient de plus en plus. Il lui fallut parler, aussi murmura-t-il ;

« Hucky, tu penses que ça plaît aux morts de nous voir ici ? »

« J'aimerais bien l' savoir. C'est vachement sinistre ici, tu trouves pas ? »

« Sûr, tu parles. »

S'ensuivit un assez long silence pendant lequel les garçons examinaient l'affaire dans leur for intérieur. Puis Tom murmura :

« Dis, Hucky, est-ce que tu penses qu' Hoss Williams nous entend parler ? »

« Ça, c'est certain ! Du moins son esprit, lui, nous entend. »

Au bout d'un moment, Tom ajouta :

« C'est M'sieur Williams que j'aurais dû dire.

---

9. **within** : *(situé) à l'intérieur, dans, à moins de* ; **foot (feet)** : *pied* (30 cm).

10. m. à m. : *Il devait (se) forcer à parler un peu. Aussi dit-il dans un murmure.*

11. au lieu de : **I wished I knew. It is awfully solemn, isn't it ?** m. à m. : *Je souhaiterais le savoir. C'est drôlement solennel ici, n'est-ce pas ?*

12. **to bet (bet, bet/betted)** : *parier* ; **you bet, I bet you** : *tu parles.*

13. **to canvas** : *faire du porte-à-porte* (élections) ; *examiner sous tous les angles* (problème).

14. **O'course** pour **of course** : *bien sûr, naturellement.*

15. ***Mister*** : italiques = forme d'insistance, marque d'emphase.

**But I never meant[1] any harm[2]. Everybody calls him Hoss.'**

**'A body[3] can't be too particular[4] how they talk 'bout[5] these yer dead people[6], Tom.'**

**This was a damper[7], and conversation died again. Presently[8] Tom seized his comrade's arm and said:**

**'*Sh!*'**

**'What is it, Tom?' And the two clung[9] together with beating hearts.**

**'*Sh!* There 'tis[10] again! Didn't you hear it?'**

**'I – '**

**'There! Now you hear it!'**

**'Lord, Tom, they're coming! They're coming, sure. What'll we do?[11]'**

**'I dono[12]. Think they'll see us?'**

**'Oh, Tom, they can see in the dark same as cats[13]. I wish I hadn't come.'**

**'Oh, don't be afeard. I don't believe they'll bother[14] us. We ain't doing any harm[15]. If we keep perfectly still, maybe they won't notice us at all.'**

**'I'll try to, Tom, but Lord, I'm all of a shiver.'**

**'Listen!'**

**The boys bent their heads[16] together and scarcely[17] breathed[18]. A muffled[19] sound of voices floated[20] up from the far end of the graveyard.**

---

1. **to mean (meant, meant)** : *signifier, vouloir dire* ; *avoir l'intention de.*
2. **harm** : (nom) *mal* ; **harmful** : *dangereux* ; **harmless** : *inoffensif.*
3. **A body** pour **one** : on.
4. **particular** : *spécial* ; *difficile, tatillon* ; m. à m. : *On ne peut pas être trop difficile.*
5. **'bout** pour **about.**
6. **these yer dead people** : Mark Twain rend ici la langue parlée de Huckleberry avec ses élisions et ses rajouts (**yer** pour **here**).
7. **damper** : *amortisseur* ; (ici) *douche froide* ; **damp** : *humide* (air, peau).
8. **presently** : *bientôt* ; *présentement.*
9. **to cling (clung, clung) to** : *s'accrocher à, s'attacher* ; *se rapprocher.*

J'pensais pas mal faire. Tout l'monde l'appelle Hoss. »

« Y a personne, Tom, qui connaît la règle comment appeler tous ces gens qui sont morts. »

Cette abrupte remarque mit un terme à leur conversation qui s'éteignit à nouveau. Bientôt Tom saisit le bras de son camarade et fit :

« Chut, tais-toi ! »

« Qu'est-ce qu'y' a, Tom ? » Les deux garçons se serrèrent l'un contre l'autre, le cœur battant.

« Chut ! ça recommence ! T'as pas entendu ? »

« Je... »

« Tiens ! Maintenant, tu entends ! »

« Bon Dieu, Tom, i's arrivent ! I's arrivent pour sûr. Qu'est-ce qu'on va faire ?

« J' sais pas. Tu crois qu'i' vont nous voir ? »

« Écoute Tom, i' voient dans le noir aussi bien que des chats. Si j'avais su, j'serais pas venu. »

« Allons, n'aie pas la trouille. J' crois pas qu'i' vont nous embêter. On fait pas de mal. Si on reste complètement sans bouger, peut-être qu'i' nous verront même pas du tout. »

« J' vais faire tout ce que je peux, Tom, mais Bon Dieu, j'frissonne de partout. »

« Écoute un peu ! »

Les deux garçons se rapprochèrent l'un de l'autre la tête baissée et retinrent presque complètement leur souffle. De l'autre bout du cimetière leur parvenait dans l'air de la nuit un bruit de voix tout assourdi.

---

10. **'tis** pour **it's.**
11. **What'll we do ?** pour **What shall/will do** ?
12. **I dono** pour **I don't know.**
13. **same as cats** pour **the same as cats** : *de même que les chats.*
14. **to bother** : *ennuyer, gêner.*
15. **to do harm to** : *faire du mal à.*
16. **to bend** (**bent, bent**) : (*se*) *pencher, courber.*
17. **scarcely** : *rarement, à peine, peu* ; **scarce** : *rare, peu abondant.*
18. **to breathe** : *respirer* ; **breath** : *respiration, souffle.*
19. **to muffle** : *assourdir, diminuer le son.*
20. **to float** : *flotter.*

'Look! see there!' whispered Tom. 'What is it?'

'It's devil-fire[1]. Oh, Tom, this is awful.'

Some vague figures[2] approached through the gloom, swinging an old-fashioned tin[3] lantern that freckled[4] the ground with innumerable little spangles[5] of light. Presently Huckleberry whispered with a shudder:

'It's the devils, sure enough. Three of 'em! Lordy[6], Tom, we're goners[7]! Can you pray?'

'I'll try, but don't you be afeard. They ain't going to hurt us. "Now I lay me down[8] to sleep, I – "'

'*Sh!*'

'What is it, Huck?'

'They're *humans*[9]! One of'em is, anyway. One of'em's old Muff Potter's voice.'

'No – 'tain't so, is it?'

'I bet I know it. Don't you stir nor budge[10]. He ain't sharp[11] enough to notice us. Drunk, same as usual, likely – blamed[12] old rip[13]!'

'All right, I'll keep still. Now they're stuck[14]. Can't find it. Here they come again. Now they're hot. Cold again. Hot again. Red-hot! They're pinted[15] right, this time. Say, Huck, I know another o' them voices; it's Injun Joe.'

'That's so – that murderin' half-breed[16]! I'd ruther they was devils a dern sight[17]. What kin they be up to[18]?'

---

1. **devil-fire** (US) : *feu follet*, **will-o'-the-wisp** (GB, US).

2. **figure** : *chiffre* ; *figure, silhouette.*

3. **tin** : *étain, fer-blanc* ; **tinker** : *rétameur, nomade irlandais* (*bohémien*).

4. **to freckle** : *tacheter* ; **freckled** : *couvert de taches de rousseur.*

5. **to spangle** : *orner de paillettes* ; **spangle** : *paillette.*

6. **Lordy/Lord !** : *Seigneur !*

7. **We're goners** : **We are done/finished** : *nous sommes perdus/fichus* ; **to be a goner** : (fam.) *être* (*une personne, un objet*) *perdu/détruit.*

8. **I lay me down...** : début de psaume ; **to lay** (**laid, laid**) : *étendre coucher* ; **to lay the table** : *dresser, mettre la table.*

9. ***humans*** : italiques marquent l'emphase.

10. **to stir** : *remuer, touiller* (café) ; **to budge** : *bouger.*

11. **sharp** : *aigu, pointu* ; *affuté, coupant, tranchant* ; *intelligent, rapide, vif.*

« Regarde ! Tiens là ! » murmura Tom. « Qu'est ce que c'est ? »
« Des feux follets. Oh, Tom, c'est horrible. »

Des silhouettes à peine distinctes s'approchaient dans les ténèbres, derrière un falot à l'ancienne en fer-blanc qui se balançait en éclaboussant le sol de paillettes de lumière. Bientôt Huckleberry murmura en frissonnant :

« C'est des démons, ça c'est sûr. Et y'en a trois ! Grands Dieux, Tom, on est fichus ! Tu sais tes prières ? »

« J'vais essayer, mais n'aie donc pas peur. I'vont pas nous faire mal. "Maintenant que je m'étends pour dormir, Seigneur, ..." »

« Chut ! tais-toi ! »

« Qu'est-ce qu'y a, Huck ? »

« Ce sont des *vrais humains* ! En tout cas l'un d'eux. L'un d'eux a la voix du vieux Muff Potter. »

« Non – c'est pas vrai, dis ? »

« J'la reconnais bien, pour sûr. Ne remue pas, ne bouge surtout pas. Il est pas assez malin pour nous repérer. Sûrement ivre, toujours comme d'habitude — ce vieux salopard ! »

« Très bien, j'vais pas remuer. Là, i'sont coincés. I'trouvent pas l'endroit. I'reviennent encore. Maintenant i'brûlent. I'sont froids encore. I'brûlent encore. I'sont bouillants maintenant. I'sont au bon endroit maintenant. Dis, Huck, j'reconnais une autre de ces voix ; c'est Joe l'Indien. »

« C'est bien ça — ce salaud de demi-sang ! J'aurais mieux aimé que ce soit des démons pour de vrai. Qu'est-ce qu'i'peuvent bien fabriquer ? »

---

12. **blamed** : euphémisme pour **damned** : *damné, maudit.*

13. **old rip** : *vieille canaille, vieux salopard.*

14. **stuck** : *arrêté, bloqué, coincé.*

15. **pinted/pointed** : *dans la direction, pointé* ; **to point** : *diriger, montrer, pointer* (*du doigt*).

16. **murderin' halfbreed** pour **murder an halfbreed** : exclamation injurieuse contre les métis ; **to murder** : *assassiner, tuer.*

17. **I'd ruther they was devils a dern sight** pour **I'd rather they were devils by far** : *je préférerais qu'ils soient surtout et par dessus tout des démons.*

18. **What kin they be up to ?** pour **What can they be up to ?** : *À quoi sont-ils occupés ?* ; **to be up to** : *avoir un but, être prêt à.*

The whispers died wholly out[1] now, for the three men had reached the grave, and stood within a few feet of the boys' hiding-place.

'Here it is,' said the third voice; and the owner[2] of it held the lantern up and revealed the face of young Dr Robinson.

Potter and Injun Joe were carrying a hand-barrow[3] with a rope[4] and a couple of shovels on it. They cast down their load[5] and began to open the grave. The doctor put the lantern at the head of the grave, and came and sat down with his back against one of the elm-trees. He was so close the boys could have touched him.

'Hurry, men!' he said in a low voice. 'The moon might come out at any moment[6].'

They growled[7] a response and went on digging. For some time there was no noise but the grating[8] sound of the spades[9] discharging[10] their freight[11] of mould[12] and gravel. It was very monotonous. Finally a spade struck upon the coffin with a dull, woody[13] accent, and within another minute or two the men had hoisted it out on the ground. They prised[14] off the lid with their shovels, got out the body and dumped[15] it rudely on the ground. The moon drifted[16] from behind the clouds and exposed the pallid face.

---

1. **to die out** : *mourir, s'éteindre.*

2. **to own** : *posséder* ; **owner** : *possédant, propriétaire.*

3. **hand-barrow** : *brancard, civière* ; **wheel-barrow** : *brouette* ; **barrow** : *charrette* (de marchande des quatre saisons).

4. **rope** : *corde, cordage* ; **to know the ropes** : *connaître les ficelles, la manœuvre* (bateau) ; **string** : *ficelle* ; **to pull strings** : *faire jouer les influences, le "piston".*

5. **load** : *charge, fardeau.*

6. **moment** : *instant, court moment* ; **half a mo'** : *un instant.*

7. **to growl** : *grogner, gronder.*

Les murmures cessèrent alors complètement, car le trio avait trouvé la tombe et se tenait à moins de deux mètres de l'endroit où étaient cachés les deux garçons.

« Nous y sommes », fit la troisième voix; celui qui avait parlé leva la lanterne, ce qui révéla le visage du jeune docteur Robinson.

Potter et Joe l'Indien portaient une civière avec une corde et des pelles posées en travers. Ils laissèrent tomber leur charge et entreprirent d'ouvrir la tombe. Le docteur plaça le falot au bout de la tombe, s'avança et s'assit le dos contre un des ormes. Il était si près que les garçons auraient pu le toucher.

« Dépêchez-vous, les gars ! » lança-t-il à voix basse. « La lune peut se lever d'un instant à l'autre. »

Les deux autres grognèrent une réponse et continuèrent de creuser. Pendant quelque temps on n'entendit rien d'autre que le grattement des pelles qui lançaient ensuite les pelletées de graviers et de terre sur un rythme monotone. L'une des pelles finit par toucher avec un bruit très assourdi le bois du cercueil qu'en une minute ou deux les terrassiers hissèrent et posèrent sur le sol. À l'aide de leurs pelles, ils forcèrent le couvercle, le soulevèrent, sortirent le cadavre qu'ils jetèrent sans ménagement à terre. La lune sortit des nuages et révéla le visage blême.

---

8. **to grate** : *gratter.*

9. **spade** : *bêche*; **to call a spade a spade** : *appeler un chat un chat.*

10. **freight** : *charge, chargement, fret.*

11. **to discharge** : *décharger, déverser.*

12. **mould** : *moisissure, champignon, mousse.*

13. **woody** : (*de, en*) *bois.*

14. **to prise** : *forcer, ouvrir* (**crow-bar** : *pied de biche, pince-monseigneur*).

15 **to dump** : *balancer, flanquer, lancer*; **rudely** : *brutalement, sans ménagement, grossièrement.*

16. **to drift** : *aller à la dérive, dériver, se glisser.*

The barrow was got ready and the corpse placed on it, covered with a blanket, and bound to its place with the rope[1]. Potter took out a large spring-knife[2] and cut off the dangling end of the rope, and then said:

'Now the cussed thing's ready, Sawbones[3], and you'll just out with another five, or here she stays.'

'That's the talk!' said Injun Joe.

'Look here; what does this mean?' said the doctor. 'You required[4] your pay in advance[5] and I've paid you.'

'Yes, and you done[6] more than that,' said Injun Joe, approaching the doctor, who was now standing. 'Five years ago you drove me away[7] from your father's kitchen one night when I come[8] to ask for something to eat, and you said I warn't[9] there for any good; and when I swore I'd get even with you[10] if it took a hundred years, your father had me jailed[11] for a vagrant[12]. Did you think I'd forget? The Injun blood ain't in me for nothing. And now I've got you, and you got to *settle*[13], you know!'

He was threatening the doctor with his fist in his face by this time. The doctor struck out suddenly, and stretched the ruffian[14] on the ground. Potter dropped his knife, and exclaimed:

---

1. m. à m. : *La civière fut apprêtée et le cadavre placé dessus, couvert d'une couverture et lié à sa place avec une corde.*

2. **spring-knife/flick-knife** : *couteau à cran d'arrêt* ; **spring** : *ressort.*

3. **to cuss/curse** : *damner, jurer, maudire* ; **Sawbones** (de **to saw, sawed, sawed/sawn** : *scier* ) ; dénomination péjorative et sarcastique d'un chirurgien (**surgeon**) d'où : « *Charcutier* ». La dissection était interdite, d'où le recours au vol de cadavres dans les cimetières.

4. **to require** : *demander, requérir* ; **to demand** : *exiger.*

5. **in advance** : *en/par avance* ; **advance notice** : *préavis.*

6. **you done** pour **you did** : m. à m. : *vous avez fait plus que ça.*

7. **to drive (drove, driven)** : *conduire, mener, pousser* ; **to drive away** : *éloigner* ; *écarter, chasser.*

On prépara la civière où fut placé le cadavre ; on jeta dessus une couverture et on l'arrima à l'aide de la corde. Potter fit jaillir la lame d'un couteau à cran d'arrêt pour couper le bout de la corde qui pendait et dit :

« V'là l' maudit cadavre prêt pour vous, Charcutier, mais sortez encore un billet de cinq dollars, sinon on l' bouge plus. »

« Ça, c'est parler ! » ajouta Joe l'Indien.

« Attendez un peu ; qu'est-ce que tout ça veut dire ? » lança le docteur. « Vous m'avez demandé de vous payer en avance et je vous ai bel et bien payés. »

« Ouais et vous avez fait bien pire qu'ça encore », poursuivit Joe l'Indien, tout en s'approchant du docteur, qui s'était alors mis debout. « Il y a cinq ans vous m'avez chassé de la cuisine de votre père un soir où j'étais venu demander quelque chose à manger et vous avez dit que j'étais là pour rien d' bon ; et après quand j'ai juré qu'on règlerait nos comptes même si ça prenait une centaine d'années, vot' père m'a fait mettre en prison pour vagabondage. Vous pensiez qu'j'aurais oublié ? J'ai pas du sang indien dans les veines pour rien. Maintenant j'vous tiens et vous allez me régler tout ça pour sûr ! »

Tout en parlant il menaçait le docteur en lui brandissant son poing devant le visage. Soudain le docteur allongea son propre poing et envoya le gredin s'étaler à terre. Potter laissa tomber son couteau et s'exclama :

---

8. **I come...** pour **I came to ask for sth** : *demander qq chose.*

9. **I warn't** pour **I wasn't ; for any good** ; *pour rien de bien/de bon.*

10. **to get (got, got/gotten** [US]) **even with sb** : *être quitte (avec), régler son compte (à) qqn.*

11. **to have sb jailed** : *faire emprisonner qqn* ; **to jail/goal** : *emprisonner, incarcérer.*

12. **vagrant** : *vagabond* ; **vagrancy** : *vagabondage* ; **the homeless (people)** : *les SDF.*

13. **to settle an account** : *régler un compte* ; **to settle** : *s'établir* ; **settler** : *colon.*

14. **ruffian** : *bandit, canaille, gredin.*

'Here, now, don't you strike my pard[1]!' and the next moment he had grappled[2] with the doctor, and the two were struggling[3] with might and main, trampling[4] the grass, and tearing the ground with their heels. Injun Joe sprang to his feet, his eyes flaming[5] with passion, snatched up Potter's knife, and went creeping, catlike, and stooping[6] round and round about the combatants, seeking an opportunity. All at once the doctor flung[7] himself free, seized the heavy headboard of Williams's grave and felled Potter to the earth with it; and in the same instant the half-breed saw his chance, and drove the knife to the hilt in the young man's breast. He reeled[8] and fell partly upon Potter, flooding[9] him with his blood, and in the same moment the clouds blotted out[10] the dreadful spectacle, and the two frightened boys went speeding away[11] in the dark.

Presently, when the moon emerged again Injun Joe was standing over the two forms, contemplating them. The doctor murmured inarticulately[12], gave a long gasp or two, and was still. The half-breed muttered:

'That score is settled[13], damn you.'

Then he robbed[14] the body. After which he put the fatal knife in Potter's open right hand, and sat down on the dismantled[15] coffin. Three – four – five minutes passed, and then Potter began to stir and moan.

---

1. m. à m. : *Là, maintenant, n'allez surtout pas frapper mon partenaire !* **pard, partner,** *partenaire, copain, pote* (syn. **buddy, chum, mate, pal**).

2. **to grapple with sb** : *se colleter avec qqn* ; **to grapple** : *saisir avec un grappin* (**grapple**).

3. **to struggle** : *lutter, se battre* ; **might** : *force, pouvoir, puissance* ; **main** : *l'ensemble, le principal* ; *grosse canalisation* ; **main(s)** : *force* (électrique), *secteur* ; **with might and main** : *de toutes ses forces* ; ici : *à qui mieux mieux.*

4. **to trample** : *fouler, piétiner* ; *passer outre, bafouer* (principes.

5. **to flame** : *brûler, (s')enflammer* ; **passion** : *passion, colère, flamme* ; **to snatch** : *saisir rapidement, s'emparer de, arracher.*

6. **to stoop** : *(s')abaisser, (se) baisser/pencher.*

« Eh là, dites donc, j'vous interdis d'frapper mon pote ! » et l'instant d'après il se jetait sur le docteur et les deux hommes s'empoignaient à qui mieux mieux, tout en piétinant l'herbe et en arrachant des mottes de terre avec leurs talons. Joe l'Indien bondit sur ses pieds, les yeux brillants de colère, ramassa vivement le couteau de Potter et se mit à ramper comme un chat tout en suivant les cercles que décrivaient les deux hommes dans leur lutte, guettant une occasion. Tout à coup le docteur se dégagea de la prise de Potter, s'empara du lourd panneau de bois à la tête de la tombe de William, en asséna un coup sur son adversaire qui s'écroula ; au même instant le demi-sang saisit l'occasion et plongea le couteau jusqu'à la garde dans la poitrine du jeune homme. Celui-ci tituba, tomba à moitié sur Potter, l'inondant de son sang ; à cet instant même les nuages cachèrent cette scène horrible ; les deux garçons effrayés s'enfuirent à toute allure dans l'obscurité.

Peu de temps après, quand la lune réapparut, Joe l'Indien contemplait debout les deux formes étendues à ses pieds. Le docteur murmura des paroles incompréhensibles, poussa un ou deux longs halètements et resta immobile. Le demi-sang marmonna :

« Les comptes sont maintenant bien réglés, sois maudit. »

Il déroba ensuite ce qu'il trouva sur le cadavre. Après quoi, il plaça le couteau qui avait donné le coup mortel dans la main droite ouverte de Potter et s'assit sur le cercueil béant. S'écoulèrent encore trois – quatre – cinq minutes, puis Potter se mit à bouger en gémissant.

---

7. **to fling (flung, flung)** : (*se*) *jeter, lancer* (avec force).

8. **to reel** : *chanceler, tituber, vaciller* ; **partly** : *en partie, partiellement.*

9. **to flood** : *inonder* ; **the Flood** : *le Déluge* (Bible).

10. **to blot out** : *voiler, cacher, effacer.*

11. **speed** : *rapidité, vitesse* ; **to speed away** : *s'enfuir à toute allure, filer comme l'éclair.*

12. **articulate** : (expression, discours, exposé...) *clair, compréhensible* ; **inarticulately** : *de manière incompréhensible.*

13. **to settle a score/an account** : *régler* (affaire/compte).

14. **to rob** : *voler, dépouiller.*

15. **to dismantle** : *démanteler.*

His hand closed upon the knife, he raised it, glanced at it, and let it fall with a shudder. Then he sat up, pushing the body from him, and gazed at it and then around him confusedly[1]. His eyes met Joe's.

'Lord, how is this, Joe?' he said.

'It's a dirty business,' said Joe, without moving. 'What did you do it for?'

'I! I never done it!'

'Look here! that kind of talk won't wash[2].'

Potter trembled and grew white.

'I thought I'd got sober. I'd no business to drink tonight. But it's in my head yet – worsen'[3] when we started here. I'm all in a muddle[4]; can't recollect anything of it hardly. Tell me, Joe – *honest,* now, old feller[5] – did I do it, Joe? I never meant to; 'pon my soul and honour[6] I never meant to, Joe. Tell me how it was, Joe. Oh, it's awful – and him so young and promising[7].'

'Why, you two was scuffling[8], and he fetched[9] you one with the headboard, and you fell flat[10]; and then up you come, all reeling and staggering like[11], and snatched the knife and jammed[12] it into him just as he fetched you another awful clip[13], and here you've laid dead as a wedge[14] till now.'

'Oh, I didn't know what I was a doing[15]. I wish I may die this minute if I did. It was all on accounts of the whisky and the excitement, I reckon.

---

1. **confusedly** : *de manière confuse/éberluée, sans rien comprendre.*
2. **to wash** : *laver* ; *être convaincant* ;(argot) : *argument.*
3. **worsen' when...** pour **worse than when....**
4. **to be in a muddle** : *être en pleine confusion, ne plus s'y retrouver.*
5. **feller** pour **fellow** : *compagnon, ami.*
6. **'pon my soul and honour** pour **upon my soul and honour.**
7. **promising** : *plein de promesses, prometteur, doué.*
8. **to scuffle** : *se bagarrer.*
9. **was** pour **were.**
10. **to fetch** : *aller chercher, amener* ; *asséner/flanquer un coup, frapper fort.*

Il ferma la main sur le couteau, le souleva, jeta dessus un rapide regard et le laissa tomber en frissonnant. Il se mit ensuite sur son séant, repoussa le corps qui le recouvrait, porta sur celui-ci et sur les alentours un regard fixe sans rien comprendre. Ses yeux rencontrèrent ceux de Joe.

« Seigneur, qu'est-ce que tout ça, Joe ? » fit-il.

« Une sale affaire », rétorqua Joe, sans bouger. « Pourquoi as-tu fait ça ? »

« Moi ! J'ai jamais fait ça ! »

« Attends un peu ! c' que tu racontes n' tiendra pas la route. »

Potter trembla et devint pâle.

« J'croyais bien avoir dessoûlé. J'avais pas de raison de boire ce soir. Mais c'est encore dans ma tête – pire que quand on s'y est mis ici. J' suis en plein cirage ; j'me souviens à peine de rien. Dis moi, Joe – bien franchement, maintenant, mon vieux – c'est moi qu'ai fait ça, Joe ? J'ai jamais voulu ; en mon âme et conscience, j'ai jamais voulu, Joe. Dis moi, Joe, comment c'est arrivé. Oh, c'est horrible – et ce gars si jeune et si doué. »

« Eh bien, vous deux, vous vous bagarriez et il t'a fichu un bon coup avec le panneau de la tombe, c'qui t'a étalé par terre ; puis tu t'es relevé, tout en titubant et en vacillant, t'as saisi l' couteau et lui as planté dans le corps juste au moment où il t'en a reflanqué un bon et depuis t'es resté couché aussi mort qu'une bûche jusqu'à présent. »

« Oh, j' savais pas c'que j' faisais. Que j'meure sur le champ si je l' savais. Tout ça, c'est à cause du whisky et de toute cette excitation, je pense. »

---

12. **to fall flat** : *s'étaler de tout son long.*

11. Ces exemples de langue familière expliquent en partie les interdictions de prêt des œuvres aux lecteurs adolescents par les bibliothèques publiques.

12. **to jam** : *enfoncer/pousser violemment.*

13. **clip** : *coup violent et bien placé.*

14. **wedge** : *coin* (en fer pour fendre une bûche).

15. **a doing** pour **doing** : forme archaïque du XVIe siècle encore en usage en Amérique.

I never used a weapon in my life before, Joe. I've fought[1], but never with weapons. They'll all say that, Joe, don't tell[2]! Say you won't tell, Joe; that's a good feller[3]. I always liked you, Joe, and stood up for you[4] too. Don't you remember? You won't tell, will you, Joe?' And the poor creature dropped[5] on his knees before the stolid[6] murderer, and clasped[7] his appealing[8] hands.

'No, you've always been fair and square[9] with me, Muff Potter, and I won't go back on you[10]. There, now, that's as fair as a man can say.'

'Oh, Joe, you're an angel! I'll bless you for this the longest day I live.' And Potter began to cry.

'Come, now, that's enough of that. This ain't any time for blubbering. You be off yonder[11] way, and I'll go this. Move, now, and don't leave any tracks[12] behind you.'

Potter started on a trot that quickly increased[13] to a run. The half-breed stood looking after him. He muttered:

'If he's as much stunned with the lick[14] and fuddled[15] with the rum as he had the look of being, he won't think of the knife till he's gone so far he'll be afraid to come back after it to such a place by himself – chicken-heart[16]!'

Two or three minutes later the murdered man, the blanketed corpse, the lidless[17] coffin, and the open grave, were under no inspection but the moon's[18]. The stillness was complete again, too.

---

1. **to fight (fought, fought)** : *se battre, combattre, lutter.*

2. **to tell (told, told) on sb** : dénoncer, moucharder.

3. **that's a good fellow (boy/girl)** : *voilà qui est un brave type (un bon garcon/une bonne fille).*

4. **to stand (stood, stood) up for sb** : *prendre la défense de qqn.*

5. **to drop** : *(se) laisser tomber.*

6. **stolid** : *impassible, imperturbable, flegmatique.*

7. **to clasp** : *tenir serré, serrer fortement.*

8. **to appeal** : *lancer un appel*; *implorer, faire appel*; **it appeals to me,** *ça me tente/plaît.*

9. **fair** : *juste, franc, loyal, correct*; *blond*; **square** : *carré, droit, ringard/dépassé* (usage familier actuel).

10. **to go back on sb** : *manquer à sa parole, trahir, se retourner contre qqn.*

Je n'me suis jamais d'ma vie servi d'une arme avant, Joe. J'me suis bagarré, mais jamais avec des armes. Tout le monde te l'dira, Joe, ne m' dénonce pas ! Dis-moi que tu m'dénonceras pas, Joe ; t'es un brave type. J'ai toujours été ton ami, Joe, et j't'ai toujours défendu. Tu t'en souviens, pas vrai ? Et la pauvre créature est tombée à genoux devant l'assassin impavide en serrant ses mains implorantes.

« Non, tu n' m'as jamais roulé et t'as toujours joué franc jeu avec moi, Muff Potter, et je n'irai pas t' tirer dans le dos. Là, crois moi, j' peux pas t' parler plus franchement. »

« Oh, Joe, t' es un ange ! Pour ce que tu viens d' me dire, je t' bénirai pour tout le restant de mes jours. » Potter se mit alors à pleurer.

« Allons, ressaisis-toi, ça suffit comme ça. C'est pas le moment d' pleurnicher. Tu t' barres par là, et moi d' ce côté. Remue-toi, maintenant et laisse pas d' traces derrière toi. »

Potter démarra au trot puis se mit rapidement à courir. Le demi-sang le regarda partir puis murmura :

« S'il est aussi assommé par le coup et aussi bourré de rhum qu'il en avait l'air, il en oubliera le couteau jusqu'au moment où il aura peur de revenir le chercher ici tout seul – trouillard qu'il est ! »

Deux ou trois minutes plus tard, la victime, le cadavre sous la couverture, le cercueil ouvert et la tombe vide n'avaient d'autres témoins que la lune. Le silence aussi était à nouveau complet.

---

11. **to be off** : *partir, s'éloigner* ; **yonder, yon** : *celui-là, par là, là-bas.*

12. **track** : *trace, piste* ; **to track** : *suivre à la trace, pister.*

13. **to increase** : *augmenter, croître* ; **to decrease** : *diminuer, décroître.*

15. **lick** : *coup, volée, raclée* ; **to lick, to give a licking** : *donner une raclée/ volée* ;.

14. **to fuddle** : *enivrer, soûler.*

16. **chicken/chicken-heart** : *dégonflé, trouillard.*

17. **lid** : *couvercle* ; **lidless** : *sans couvercle* ; **that puts the lid on it** : *c'est le comble.*

18. m. à m. : *n'étaient sous aucune inspection sauf celle de la lune* ; **but** : *sauf, si ce n'est.*

## CHAPTER XIII

Tom's mind was made up[1] now. He was gloomy and desperate[2]. He was a forsaken[3], friendles[4] boy, he said; nobody loved him; when they found out what they had driven him to, perhaps they would be sorry[5]; he had tried to do right and get along, but they would not let him; since nothing would do them but to be rid of him, let it be so; and let them blame him for the consequences – why shouldn't they? what right had the friendless to complain? Yes, they had forced him to it at last: he would lead a life of crime[6]. There was no choice. By this time he was far down Meadow[7] Land, and the bell[8] for school to 'take up'[9] tinkled faintly upon his ear. He sobbed[10], now, to think he should never, never hear that old familiar sound any more – it was very hard, but it was forced on him; since he was driven out into the cold world, he must submit[11] – but he forgave them. Then the sobs came thick and fast[12].

Just at this point he met his soul's sworn comrade[13], Joe Harper – hard-eyed[14], and with evidently a great and dismal [15]purpose[16] in his heart.

---

1. **to make up one's mind** : *prendre une/sa décision, (se) décider.*

2. **desperate** : *désespéré*; **despair** : *désespoir*; **despondent** : *abattu, désespéré*; **despondency** : *désespoir extrême.*

3. **forsaken** : *abandonné*; **to forsake (forsook, forsaken)** : *abandoner, délaisser, renoncer à.*

4. **friendless** : *sans ami.*

5. **to be sorry** : *être navré, montrer du repentir, s'excuser.*

6. **crime** : *crime, délinquence*; **to lead (led, led) a life of crime** : *mener une vie de criminel.*

7. **meadow** : *prairie, pré, pâture.*

# CHAPITRE XIII

Tom était maintenant bien décidé. Il était sombre et désespéré ; il était bel et bien abandonné de tous et sans ami, ruminait-il ; personne ne l'aimait ; quand ils découvriraient ce qu'ils l'avaient poussé à faire, peut-être auraient-ils des remords ; il avait tout essayé pour bien faire et pour bien se conduire, mais ils ne lui en avaient pas donné la chance ; puisqu'ils n'aspiraient qu'à se débarrasser de lui, qu'il en soit ainsi ; qu'ils lui mettent sur le dos les conséquences – pourquoi donc ne le feraient-ils pas ? quel droit avait un être sans ami de se plaindre ! Oui, ils avaient fini par le forcer à agir ainsi : il mènerait une vie de délinquant. Il n'avait pas d'autre choix. À ce moment il était déjà bien loin dans les prés d'où il entendait le faible tintement de la cloche qui annonçait la reprise de l'école. Il sanglota alors à la pensée que, jamais plus, ce tintement familier ne lui parviendrait – c'était très dur, mais on l'y avait forcé ; il lui fallait se soumettre puisqu'on l'avait chassé vers ce monde froid – mais il leur pardonnait. Alors les sanglots reprirent de plus belle et se firent plus nombreux.

Ce fut à cet exact moment qu'il rencontra le camarade qu'il chérissait entre tous, Joe Harper – le regard dur et de toute évidence avec en son cœur un projet grandiose et terrible.

---

8. **bell** : *cloche, sonnette* ; **to ring (rang, rung)** : *sonner.*
9. **to take (took, taken) up** : ici, *reprendre, recommencer* (école).
10. **to sob** : *sangloter* ; **sob** : *sanglot.*
11. **to submit** : *(se) soumettre.*
12. **thick** : *épais* ; **thin** : *mince* ; **fast** : *rapide* ; **slow** : *lent.*
13. m. à m. : *le camarade juré de son âme* ; **soul** : *âme* ; **to swear (swore, sworn)** : *jurer* ; **comrade** : *camarade.*
14. **hard-eyed** : *l'œil dur, le regard méchant.*
15. **dismal** : *lugubre, morne, funeste, sombre.*
16. **purpose** : *propos, dessein.*

**Plainly[1] here were 'two souls with but a single thought'[2]. Tom, wiping[3] his eyes with his sleeve, began to blubber out something about a resolution to escape from[4] hard usage[5] and lack of sympathy[6] at home by roaming[7] abroad into the great world, never to return; and ended by hoping that Joe would not forget him.**

**But it transpired that this was a request[8] which Joe had just been going to make of Tom, and had come to hunt him up[9] for that purpose. His mother had whipped him for drinking some cream which he had never tasted and knew nothing about; it was plain that she was tired[10] of him and wished him to go; if she felt that way, there was nothing for him to do but to succumb[11]; he hoped she would be happy, and never regret having driven her poor boy out into the unfeeling[12] world to suffer and die.**

**As the two boys walked sorrowing[13] along, they made a new compact to stand by each other[14] and be brothers, and never separate till death relieved[15] them of their troubles. Then they began to lay their plans. Joe was for being a hermit, and living on crusts in a remote cave[16], and dying, sometime, of cold, and want[17], and grief; but, after listening to Tom, he conceded that there were some conspicuous[18] advantages about a life of crime, and so he consented to be a pirate.**

---

1. **plainly** : *clairement, de toute évidence, tout bonnement*; **plain** : *clair, évident, franc, pur, simple*; (beauté) *ordinaire, quelconque.*

2. **'two souls with but a single thought'** : citation tirée d'un livret d'opéra adapté d'une œuvre de Friedrich Hahn, compositeur autrichien contemporain dont Mark Twain avait fait un compte rendu en 1863.

3. **to wipe** : *(s')essuyer*; **to wipe clean/dry** : *nettoyer en essuyant, sécher en essuyant.*

4. **to escape from** : *(s')échapper à/de, fuir.*

5. **hard usage** : *mauvais traitement, maltraitance.*

6. **lack of sympathy** : *manque de compréhension, incompréhension*; *absence d'atomes crochus*; **sympathy** : *compassion*; *sympathie, solidarité*; *condoléances*; **sympathetic** : *compatissant.*

7. **to roam** : errer, vagabonder; **abroad** : à l'étranger, au loin, dehors.

8. **request** : *demande, requête*; **to request** : *demander, requérir.*

Il était clair qu'on avait là « deux âmes abîmées dans une seule et unique pensée ». Tom, tout en se séchant les yeux avec sa manche, entreprit de balbutier une explication où il exprimait sa décision de fuir loin de la maltraitance et du manque de compréhension qu'il rencontrait chez lui pour parcourir le vaste monde avec l'intention de ne jamais revenir ; il termina en espérant que Joe ne l'oublierait pas.

Mais il se révéla que c'était exactement ce que Joe allait demander à Tom et qu'il était venu le chercher pour cela même. Sa mère l'avait fouetté pour avoir mangé de la crème qu'il n'avait jamais goûtée et dont il ignorait l'existence ; il était clair qu'elle en avait assez de lui et souhaitait le voir partir ; s'il en était ainsi pour elle, il ne restait plus à Joe qu'à se soumettre ; il espérait qu'elle serait heureuse et ne regretterait jamais d'avoir chassé son pauvre garçon vers ce monde sans pitié pour y souffrir et y mourir.

Tandis que les deux garçons cheminaient, en proie à leur chagrin, ils scellèrent un nouveau pacte par lequel ils se défendraient mutuellement, demeureraient comme deux frères et ne se sépareraient jamais avant que la mort ne les délivrât de leurs ennuis. Ils se mirent ensuite à élaborer leurs plans. Joe était en faveur de se faire ermite, de vivre de croûtons de pain dans une grotte perdue et d'y mourir, un jour ou l'autre, de froid, de faim et de chagrin ; cependant, après avoir écouté Tom, il admit que mener une vie de délinquant présentait quelques avantages, et non des moindres, aussi consentit-il à devenir pirate.

---

9. **to hunt** : *chasser, pourchasser* ; **to hunt up** : *rechercher, être à la recherche de.*

10. **to tire** : *fatiguer, lasser.*

11. **to succumb** : *succomber, subir.*

12. **unfeeling** : *impitoyable, dur.*

13. **to sorrow** : *souffrir, se lamenter, pleurer* ; **sorrow** : *peine, chagrin, douleur, tristesse.*

14. **to stand by each other** : *être solidaires l'un de l'autre, se défendre l'un l'autre.*

15. **to relieve sb of sth** : *soulager qqn de* ; **relief** : *soulagement* ; *aide, secours.*

16. **remote cave** : *caverne loin de tout.*

17. **want** : *manque, dénuement* ; *besoin.*

18. **conspicuous** : *bien net, évident.*

**Three miles below St Petersburg, at a point where the Mississippi river was a trifle[1] over a mile wide, there was a long, narrow, wooded island, with a shallow bar[2] at the head of it, and this offered well as a rendezvous. It was not inhabited[3]; it lay far over towards the farther[4] shore, abreast[5] a dense and almost wholly unpeopled[6] forest. So Jackson's Island was chosen. Who were to[7] be the subjects of their piracies was a matter that did not occur[8] to them. Then they hunted up Huckleberry Finn, and he joined them promptly, for all careers were one to him[9]; he was indifferent[10]. They presently separated, to meet at a lonely spot on the river bank[11] two miles above the village, at the favourite hour, which was midnight. There was a small log raft[12] there which they meant to capture. Each would bring hooks and lines, and such provisions as he could steal in the most dark and mysterious way – as became[13] outlaws; and before the afternoon was done, they had all managed[14] to enjoy the sweet glory of spreading the fact that pretty soon the town would 'hear something'. All who got this vague hint[15] were cautioned[16] to 'be mum[17] and wait'.**

**About midnight Tom arrived with a boiled ham and a few trifles, and stopped in a dense undergrowth on a small bluff[18] overlooking the meeting-place. It was starlight, and very still.**

---

1. **trifle** : *bagatelle, bricole, rien, objet insignifiant/sans valeur* ; **a trifle over** : un peu au-dessus de ; **trifling** : *insignifiant, sans valeur, trivial.*

2. **bar** : *barre, obstacle* ; **shallow** : *peu profond* ; *superficiel.*

3. **to inhabit** : *habiter, vivre dans* ; *inhabité* : **uninhabited.**

4. **farther** : (*plus*) *éloigné* ; **nearer** : (*plus*) *proche* (que l'autre).

5. **abreast** : *de front, sur la même ligne que* ; **breast** : *poitrine, sein.*

6. **unpeopled** : *sans habitant* ; *dépeuplé.*

7. **to be to** : *devoir, pouvoir, être sur le point de.*

8. **to occur** : *avoir lieu, se produire* ; **to occur to one's mind** : *se présenter (à l'esprit).*

9. **it is (all) one to me** : *pour moi c'est pareil, c'est du pareil au même.*

Trois milles en aval de St Petersburg, à l'endroit où le Mississippi avait une largeur de plus d'un mille environ, se trouvait une île boisée de forme étroite et tout en longueur dont l'extrémité était protégée par une barre où le tirant était faible, offrant ainsi un bon emplacement pour s'y retrouver. Personne n'y vivait ; elle était située loin de l'autre côté, près de la rive opposée, à l'aplomb d'une forêt dense et complètement inhabitée. Le choix se fixa donc sur l'Ile Jackson. Qui seraient les victimes de leurs actes de piraterie fut un sujet auquel ils ne songèrent point. Ils partirent ensuite pour trouver Huckleberry Finn qui se joignit à eux promptement car n'importe quel projet lui convenait ; il n'avait pas de préférence. Ils se séparèrent bientôt pour se rencontrer en un lieu isolé au bord du fleuve à deux milles en amont du village, à l'heure de prédilection, à savoir à minuit. Était amarré là un petit radeau fait de bûches dont ils avaient décidé de s'emparer. Chacun d'eux devait apporter des lignes et des hameçons ainsi que des victuailles qu'ils pourraient dérober de la manière la plus obscure et la plus mystérieuse – comme se doivent de le faire des hors-la-loi ; bien avant la fin de l'après-midi ils avaient réussi à goûter une gloire suave en se vantant auprès de tous que bientôt la ville entendrait « parler de quelque chose ». Tous ceux à qui ils confièrent cette information vague reçurent la consigne de « garder le silence en attendant ».

Vers minuit Tom arriva avec un jambon cuit entier et quelques provisions ; il s'arrêta au milieu d'un dense sous-bois sur un petit escarpement surplombant leur lieu de rendez-vous. Les étoiles brillaient et tout était silencieux.

---

10. **indifferent** : *indifférent, égal, sans opinion* ; *sans qualité particulière.*

11. **bank** : *rive, rivage, berge.*

12. **raft** : *radeau* ; **log** : *bûche, bille, grume.*

13. **to become (became, become)** : *devenir* ; (ici) *convenir à, seoir.*

14. **to manage** : *parvenir/réussir à* ; *administrer, diriger, gérer.*

15. **hint** : *allusion, indication.*

16. **to caution** : *avertir, prévenir, recommander la prudence.*

17. **to be/keep mum** : *se taire.*

18. **bluff** : *cap, escarpement, falaise, promontoire.*

The mighty[1] river lay like an ocean at rest[2]. Tom listened a moment, but no sound disturbed the quiet. Then he gave a low, distinct whistle[3]. It was answered from under the bluff. Tom whistled twice more; these signals were answered in the same way. Then a guarded[4] voice said:

'Who goes there?'

'Tom Sawyer, the Black Avenger[5] of the Spanish Main[6]. Name your names.'

'Huck Finn the Red-Handed[7], and Joe Harper the Terror of the Seas.' Tom had furnished[8] these titles from his favourite literature.

''Tis well. Give the countersign.'

Two hoarse[9] whispers delivered[10] the same awful word simultaneously to the brooding night:

'Blood!'

Then Tom tumbled[11] his ham over the bluff and let himself down after it, tearing both skin and clothes to some extent in the effort. There was an easy, comfortable path along the shore under the bluff, but it lacked[12] the advantages of difficulty and danger so valued by a pirate.

The Terror of the Seas had brought a side[13] of bacon, and had about worn himself out[14] with getting it there.

---

1. **mighty** : *puissant, fort, majestueux, grand*; **might** : *force, pouvoir, puissance.*

2. **at rest** : *au/de repos*; **to rest** : *se reposer.*

3. **whistle** : *sifflet, sifflement* : **to whistle** : *siffler.*

4. **guarded** : *gardé*; *prudent, circonspect, réservé*; **to guard** : *garder.*

5. **avenger** : *vengeur*; titre d'un roman d'aventures, publié en 1847, bien connu des jeunes lecteurs : ***The Black Avenger of the Spanish Main*** écrit par Ned Blunt, aventurier et auteur de nombreux récits (**one-dime novels** : *romans à dix cents*) fondés sur ses propres expérience de marin et de cowboy : il fut aussi l'ami de Bill Cody qui, sous le pseudonyme de Buffalo Bill, anima un célèbre spectacle.

6. **main** : *principal*; **The Main** : *l'océan, le grand large*; **the Spanish Main** : *la mer des Antilles* (allusion aux possesssions espagnoles dans la région).

Le fleuve majestueux ressemblait à un océan bien calme. Tom tendit l'oreille un instant, mais aucun bruit ne troublait le silence. Il siffla alors d'une manière claire et basse. On lui répondit en bas de l'escarpement. Tom siffla encore deux fois ; on répondit à ses signaux de manière identique. Puis une vois prudente se fit entendre :

« Qui va là ? »

« Tom Sawyer, le Vengeur Noir des Mers d'Espagne. Donnez vos noms. »

« Huck Finn, la Main dans le Sac, et Joe Harper, la Terreur des Mers. » Tom avait trouvé ces titres dans ses lectures favorites.

« C'est bon. Le mot de passe. »

La même phrase horrible fut lancée dans la nuit menaçante en même temps par deux murmures rauques.

« Ça va saigner ! »

Tom fit ensuite basculer son jambon du haut de l'escarpement et se laissa glisser derrière ; son effort entraîna pour sa peau ainsi que pour ses vêtements pas mal de déchirures. Il y avait bien un sentier facile et praticable sous l'escarpement le long du rivage, mais il n'offrait point l'avantage des difficultés et du danger que tout pirate se doit de surmonter.

La Terreur des Mers avait apporté une flèche de lard et s'était presque épuisé à la tirer jusque-là.

---

7. **to catch (sb) red-handed** : *prendre (qqn) la main dans le sac.*

8. **to furnish** : *approvisionner, fournir* ; *meubler* ; **a fully furnished flat** : *un appartement meublé.*

9. **hoarse** : *enroué* (voix), *rauque.*

10. **to deliver** : *donner, livrer* ; *s'acquitter d'une tâche.*

11. **to tumble** : *basculer, s'effondrer, faire tomber.*

12. **to lack** : *ne pas avoir, manquer/être à court de.*

13. **side** : *côté, flanc* : *flèche* (de bacon).

14. **to wear (wore, worn)** : *porter* ; **to wear out** : *s'user, s'épuiser.*

**Finn the Red-Handed had stolen a skillet, and a quantity of half-cured[1] leaf-tobacco, and had also brought a few corn-cobs to make pipes with. But none of the pirates smoked or 'chewed[2]' but himself. The Black Avenger of the Spanish Main said it would never do to start without some fire[3]. That was a wise thought; matches were hardly known there in that day. They saw a fire smouldering[4] upon a great raft a hundred yards above, and they went stealthily[5] thither[6] and helped themselves to a chunk. They made an imposing[7] adventure of it, saying 'hist' every now and then and suddenly halting with finger on lip; moving with hands on imaginary daggerhilts[8]; and giving orders in dismal whispers that if 'the foe' stirred to 'let him have it to the hilt[9]', because 'dead men tell no tales'. They knew well enough that the raftmen were all down at the village laying[10] in stores or having a spree[11], but still[12] that was no excuse for their conducting this thing in an unpiratical way[13].**

**They shoved off presently, Tom in command, Huck at the left oar and Joe at the forward. Tom stood amidships[14], gloomy-browed[15] and with folded arms, and gave his orders in a low, stern whisper.**

**'Luff[16], and bring her to the wind!'**

**'Aye, aye, sir[17]!'**

---

1. **to cure** : ici, *faire sécher* : **leaf (leaves)** : *feuille(s)*.

2. **to chew** : *mâcher*, d'où, ici : *chiquer*.

3. m. à m. : *cela ne respecterait pas les règles/ne conviendrait pas de commencer sans faire un feu.*

4. **to smoulder** : *se consumer, brûler lentement, couver.*

5. **stealthily** : *sans faire de bruit, furtivement, à pas feutrés.*

6. **thither** : *vers cet endroit* ; **to run hither and thither** : *courir de-ci de-là, dans tous les sens.*

7. **imposing** : *imposant, important.*

8. **hilt** : *garde* (d'une poignée d'épée, d'arme banche).

9. m. à m. : *qu'on le frappe jusqu'à la garde.*

10. **to lay (laid, laid) in/by** : (ici) *rassembler* (des provisions, marchandises).

Finn, dit la Main dans le Sac, avait volé un poêlon et une quantité de feuilles de tabac à moitié sèches ; il avait aussi apporté quelques épis de maïs pour fabriquer des pipes. Mais des pirates aucun, sauf lui, ne fumait ni ne chiquait. Le Vengeur Noir des Mers Espagnoles fit remarquer qu'il fallait avant tout commencer par faire un feu. C'était là une pensée pleine de sagesse ; on connaissait à peine les allumettes à cette époque. Ils aperçurent un feu qui couvait sur un grand radeau cent mètres en amont et s'y rendirent furtivement pour prendre un brandon. Ils transformèrent cette expédition en une grande aventure, faisant chut toutes les cinq secondes pour s'arrêter soudain le doigt sur la bouche ; ils s'avançaient sans faire de bruit tenant à la main une dague imaginaire et murmuraient des ordres d'un ton sinistre pour « la plonger jusqu'à la garde dans le corps de l'ennemi s'il bougeait » car « un mort ne raconte plus d'histoires ». Ils savaient pourtant bien que tout l'équipage était en ville à acheter des provisions ou à se donner du bon temps mais, pour autant, ce n'était pas une raison pour ne pas conduire toute cette affaire à la manière des pirates.

Ils repartirent bientôt. Tom prit le commandement. Huck tenait la rame à bâbord, Joe celle de l'avant, Tom se tenait au milieu, l'air sombre, les bras croisés, et donnait ses ordres en murmurant tout bas d'une voix grave.

« Lofez, et amenez-le au vent ! »

« Oui, Commandant ! »

---

11. **to have a spree** : *prendre du bon temps, s'amuser* ; **to go on a buying spree** : *se lancer dans une frénésie d'achat.*

12. **but still/however** : (*mais*) *cependant.*

13. m. à m. : *pour mener leur affaire* (**thing**) *d'une manière que des pirates n'auraient pas adoptée.*

14. **amidships** : *au centre/par le milieu du bateau.*

15. **brow** : *front, sourcil* ; **gloomy-browed** : *le front soucieux* ; **stern** : *sérieux, sévère.*

16. **to luff** : *lofer, venir au lof/vent.*

17. **aye** pour **yes** dans la marine. **Sir** se traduit par le grade de l'officier supérieur, ici : *commandant* (navire).

'Steady[1], stead-y-y-y!'

'Steady it is, sir!'

'Let her go off a point[2]!'

'Point it is, sir!'

As the boys steadily and monotonously drove the raft towards mid-stream, it was no doubt understood that these orders were given only for 'style'[3], and were not intended[4] to mean anything in particular.

'What sail's she carrying[5]?'

'Courses, tops'ls, and flying-jib[6], sir!'

'Send the r'yals[7] up! Lay out aloft there[8], half a dozen of ye, foretomast-stuns'l! Lively[9], now!'

'Aye, aye, sir!'

'Shake out that mainto-galans'l! Sheets and braces[10]! *Now,* my hearties[11]!'

'Aye, aye, sir!'

'Hellum-a-lee[12] – hard a-port! Stand by[13] to meet her when she comes! Port, port! *Now,* men! With a will! Stead-y-y!'

'Steady it is, sir!'

The raft drew beyond[14] the middle of the river; the boys pointed her head right and then lay on their oars. The river[15] was not high, so there was not more than a two or three mile current.

---

1. **steady** : *stable, immobile, constant.*

2. m. à m. : *laissez-la dépasser d'un point* (sur le compas/la boussole) ; **to go off** : *partir.*

3. **for (a) style** : *pour faire bien* ; *pour la galerie.*

4. **to intend** : *avoir l'intention de, vouloir.*

5. m. à m. : *quelle voile porte-t-elle ?* (pronom féminin pour désigner, comme c'est l'usage, l'embarcation ou certaines machines).

6. **course** : *basse voile* ; **topsail (tops'l)** : (abbréviation d'usage dans la marine) : *hunier(supérieur)* ; **jib** : *foc* ; **flying-jib** : *clinfoc.*

7. **royal (r'yal)** : *cacatois.*

8. **to lay out** : *disposer, installer* ; **aloft** : *en haut, dans la mâture* ; **aloft there** : *en haut les gabiers, oh de la hune* ; **foreto(p)mast** : *petit mât de hune* ;

« Tout droit, tout droit ! »

« Tout droit, Commandant ! »

« Virez d'un point ! »

« Un point, Commandant ! »

Tandis que les garçons dirigeaient le radeau tout droit et avec monotonie vers le milieu du fleuve, il était bien sûr sous-entendu que ces ordres n'étaient donnés que pour la frime et ne prétendaient pas avoir de signification particulière.

« Quelle voilure avons-nous ? »

« Basses voiles, huniers, clinfocs. »

« Envoyez les cacatois ! Déployez la bonnette là-haut, six hommes à la bonnette du mât de misaine ! On y met du cœur ! »

« Oui, Commandant ! »

« Lancez-moi le grand perroquet ! Aux écoutes et aux vergues ! Du nerf, que diantre, mes braves ! »

« Oui, Commandant ! »

« Oh, hisse, ho – à bâbord toute ! Prêt pour la manœuvre quand il va venir au vent ! A bâbord, à bâbord ! On y va les gars ! Du nerf ! Tout droit ! »

« Tout droit, Commandant ! »

Le radeau dépassa le milieu du fleuve ; les garçons dirigèrent l'avant tout droit, puis pesèrent de tout leur poids sur les avirons. Le fleuve n'était pas profond en cet endroit et le courant n'y dépassait donc pas les deux ou trois milles.

---

**stunsail (studdingsail)** : *bonnette* ; afin de jouer son rôle de pirate, Tom emploie, un peu au hasard, des termes de voile (**sailing**), jeu auquel se prêtent ses compagnons.

9. **lively** : *vif, vivace, plein d'entrain/de vigueur.*

10. **sheet** : *écoute* ; **brace** : *bras* (*de vergue*).

11. ***now !*** : *allons !* ; **hearty** : *brave, courageux.*

12. **hellum-a-lee/heave-ho !** *oh, hisse !*

13. **to stand by** : *être prêt pour agir/remplacer, être en état d'alerte* ; **to be (on) standby** : *être remplaçant, prêt à remplacer* (personnel).

14. **beyond** : *au-delà de.*

15. **river** : *rivière, fleuve* ; **Ol' Man River** : surnom amical donné au Mississippi dans un morceau célèbre de Kern et Hammerstein (1927).

Hardly a word was said during the next three-quarters of an hour. Now the raft was passing before the distant town. Two or three glimmering[1] lights showed where it lay, peacefully sleeping, beyond the vague vast sweep[2] of star-gemmed[3] water, unconscious[4] of the tremendous[5] event that was happening. The Black Avenger stood still with folded[6] arms, 'looking his last[7]' upon the scene of his former joys and his later sufferings[8], and wishing 'she[9]' could see him, now abroad on the wild[10] sea, facing peril and death with dauntless[11] heart, going to his doom[12] with a grim[13] smile on his lips. It was but a small strain on his imagination to remove Jackson's Island beyond eye-shot[14] of the village, and so he 'looked his last' with a broken and satisfied heart. The other pirates were looking their last, too; and they all looked so long that they came near letting the current drift them out of the range[15] of the island. But they discovered the danger in time, and made shift[16] to avert it. About two o'clock in the morning the raft grounded[17] on the bar two hundred yards above the head of the island, and they waded[18] back and forth until they had landed their freight. Part of the little raft's belongings[19] consisted of an old sail, and this they spread over a nook in the bushes for a tent to shelter their provisions; but they themselves would sleep in the open air in good weather, as became outlaws.

---

1. **to glimmer** : *luire faiblement, miroiter, brasiller.*

2. **sweep** : *coup de balai* ; *large mouvement* (du bras) ; *vaste étendue.*

3. **gem** : *pierre précieuse, gemme.*

4. **unconscious of** : *sans conscience/inconscient de.*

5. **tremendous** : *énorme, important, qui cause frayeur ou tremblements.*

6. **to fold** : *plier, croiser* (les bras).

7. **'looking his last'** : *portant son dernier regard*, formule exprimant une pose romantique.

8. **former... later...** : *ancien... récent* ; **the former...the latter** : *le premier... le second* (si deux éléments) ; **sufferings** : *souffrances.*

9. **'she'** : il s'agit de l'héroïne du roman qui dans l'imaginaire de Tom est incarnée par la nouvelle élève dont il est tombé amoureux.

À peine un mot fut échangé au cours des trois quarts d'heure qui suivirent. Le radeau passait alors loin au large de la ville. Deux ou trois lueurs faibles indiquaient son emplacement là où tous dormaient d'un sommeil paisible, par-delà cette vaste étendue d'eau imprécise constellée de diamants, sans que personne se doutât du terrible événement qui se déroulait. Le Vengeur Noir se tenait immobile, les bras croisés, « jetant un dernier regard » sur le théâtre de ses toutes premières joies, puis de ses toutes dernières peines ; combien il aurait voulu que « son héroïne » pût le voir maintenant en pleine mer affrontant avec un courage invincible les dangers et la mort et allant vers son destin un sourire sévère aux lèvres. Il n'eut que peu d'effort d'imagination à faire pour transporter l'Ile de Jackson hors de vue de la ville, et alors il « regarda la ville une dernière fois », le cœur brisé et satisfait. Les autres pirates lançaient aussi leurs derniers regards ; mais ils regardèrent si longtemps qu'ils furent bien près de se laisser emporter par le courant hors de portée de l'île. Cependant ils usèrent de tous les moyens afin d'éviter le pire après avoir découvert le péril à temps. Vers deux heures du matin le radeau s'échoua sur la barre deux cents yards en amont de la pointe de l'île ; ils firent alors des allers et retours dans l'eau peu profonde pour porter à terre toute leur cargaison. Une partie de l'équipement du petit radeau consistait en une vieille voile qu'ils tendirent dans un coin au-dessus des broussailles pour abriter leurs provisions ; ils allaient eux-mêmes dormir en plein air par beau temps, comme il convenait pour des pirates.

---

10. **wild** : *sauvage, déchaîné, violent, fou, passionné.*

11. **dauntless** : *intrépide, sans peur* ; **to daunt** : *intimider, décourager.*

12. **doom** : *destin* (funeste), *sort* (malheureux) ; **doomsday** : *jour du jugement dernier.*

13. **grim** : *menaçant, sinistre, sévère.*

14. **to remove** : *enlever* ; **eye-shot** : *portée de vue.*

15. **range** : *portée, champ* ; *chaîne de montagnes.*

16. **to make shift** : *s'arranger, trouver moyen de* ; **shift** : *moyen, expédient.*

17. **to ground/to run aground** : *toucher* (rivage), *s'échouer.*

18. **to wade** : *marcher dans l'eau* ; *passer à gué* ; *patauger* ; **ford** : *gué.*

19. **belongings** : *propriétés, biens personnels, ce qui vous appartient.*

They built a fire against the side of a great log twenty or thirty steps within the sombre depths of the forest, and then cooked some bacon in the frying-pan[1] for supper, and used up[2] half of the corn 'pone' stock they had brought. It seemed glorious sport[3] to be feasting in that wild free way in the virgin forest of an unexplored and uninhabited island, far from the haunts[4] of men, and they said they would never return to civilization. The climbing[5] fire lit up their faces and threw its ruddy[6] glare upon the pillared tree-trunks[7] of their forest temple, and upon the varnished foliage and festooning vines[8]. When the last crisp slice of bacon was gone, and the last allowance[9] of corn pone devoured[10], the boys stretched themselves out on the grass, filled with contentment[11]. They could have found a cooler place, but they would not deny[12] themselves such a romantic feature[13] as the roasting campfire.

'*Ain't* it jolly[14]?' said Joe.

'It's *nuts*[15],' said Tom.

'What would the boys say if they could see us?'

'Say? Well, they'd just die to be here – hey, Hucky?'

'I reckon so,' said Huckleberry; 'anyways *I'm*[16] suited. I don't want nothing better'n[17] this. I don't ever get enough to eat gen'ally – and here they can't come and kick at a feller and bullyrag[18] him so.'

---

1. **to fry** : *frire* ; **frying-pan** : *poêle à frire.*

2. **to use up** : *utiliser* (**up** *entièrement*) ; **corn pone** : *pain de maïs.*

3. **sport** : *exercice, sport* ; **glorious** : *glorieux, merveilleux, splendide, parfait.*

4. **haunt** : *lieu très fréquenté, repaire* ; **to haunt** : *hanter, fréquenter habituellement.*

5. **to climb** : *grimper.*

6. **ruddy** : *rouge, rougeoyant* ; **glare** : *éclat vif/aveuglant.*

7. **pillar** : *pilier, colonne* ; **trunk** : *tronc* ; *malle* (de voyage).

8. **festoon** : *feston, guirlande* ; **vine** : *vigne, liane.*

9. **allowance** : *allocation, portion, part.*

Ils allumèrent un feu contre une grosse bûche à vingt ou trente pas à l'intérieur des ténèbres profondes de la forêt ; ils se firent ensuite frire du lard à la poêle pour leur souper et avalèrent une bonne moitié de leur réserve de pain de maïs. Festoyer de la sorte sans contrainte et sans retenue dans cette forêt vierge sur une île inexplorée et inhabitée, loin de la fréquentation des humains, leur causait une joie sans mesure ; aussi déclarèrent-ils que jamais ils ne retourneraient à la civilisation. Les flammes qui montaient éclairaient le visage des garçons et jetaient l'éclat de leur rougeoiement sur les piliers que le tronc des arbres formait dans ce temple que leur offrait la forêt, sur le vernis des feuillages et sur les guirlandes de lianes. Quand eut disparu la dernière tranche craquante de lard et que fut dévorée la dernière portion de pain de maïs, les garçons s'allongèrent dans l'herbe, bien repus. Ils auraient pu trouver un endroit plus frais, mais ils ne pouvaient renoncer à s'offrir un endroit aussi parfait pour leur équipée que ce feu de camp où ils rôtissaient.

« C'est pas chouette, non ? » fit Joe.

« C'est au poil », répondit Tom.

« Qu'est-ce que diraient les potes s'ils pouvaient nous voir ? »

« Qu'est-ce qu'i' diraient ? i' creveraient simplement d'envie d'être ici – pas vrai, Hucky ? »

« J'crois bien », lança Huckleberry ; « de toutes façons, ça m'botte. J'veux rien de mieux qu'ça, moi, d'habitude j'n'ai jamais assez à manger – et ici on peut pas venir flanquer des coups de pied à un pauvre mec et l'embêter. »

---

10. **to devour** : *dévorer.*

11. **contentment** : *satiété, satisfaction.*

12. **to deny** : *nier, dénier, refuser.*

13. **feature** : *trait, caractéristique, attribut.*

14. **jolly** : *joyeux, bon vivant, épatant.*

15. ***nuts*** : *enthousiaste, heureux, comblé* ; *crétin, fou,* ; *des nèfles.*

16. ***I'm*** : emphase rendu par : « *moi* ».

17. **better'n/better than** : *mieux que.*

18. **to bullyrag** : *martyriser, prendre comme souffre-douleur, maltraiter, contraindre, forcer* (par des menaces, coups) ; **to bully** : *tyranniser, persécuter, brutaliser.*

'It's just the life for me,' said Tom. 'You don't have to get up, mornings, and you don't have to go to school, and wash, and all that blame[1] foolishness[2].'

'You see a pirate don't have to do *anything*, Joe, when he's ashore, but a hermit *he* has to be praying considerable[3], and then he don't have any fun[4], any way, all by himself that way.'

'Oh yes, that's so,' said Joe, 'but I hadn't thought much about it, you know. I'd a good deal[5] ruther[6] be a pirate now that I've tried it.'

'You see,' said Tom, 'people don't go much on hermits[7], now-a-days, like[8] they used to[9] in old times, but a[10] pirate's always respected. And a hermit's[10] got to[11] sleep on the hardest place he can find, and put sackcloth[12] and ashes on his head, and stand out in the rain, and – '

'What does he put sackcloth and ashes on his head for[13]?' inquired Huck.

'*I* dunno[14]. But they've *got* to do it. Hermits always do. You'd have to do that if you was[15] a hermit.'

'Dern'd[16] if I would,' said Huck.

'Well, what would you do?'

'I dunno. But I wouldn't do that.'

'Why, Huck, you'd *have* to. How'd you[17] get around[18] it?'

'Why, I just wouldn't stand it. I'd run away.'

---

1. **blame** : euphémisme pour **bloody**, contraction du juron : **by our Lady** : *par Notre Dame.*

2. **foolishness** : *sottise(s), bêtise(s).*

3. **considerable** pour **considerably** : *de manière considérable, importante.*

4. **to have fun** : *s'amuser, prendre du bon temps.*

5. **a good deal** : *une bonne part, beaucoup.*

6. **I'd ruther** ( = **rather**) : *je préférerais, j'aimerais mieux.*

7. m. à m. : *les gens ne s'intéressent pas beaucoup aux ermites de nos jours.*

8. **like** (US)/ **as** (GB) : (conjonction) *comme.*

9. **I used to do** : *j'avais l'habitude de faire, je faisais* (sous-entendu : je ne peux plus le faire).

« Voilà la vie comme je l'aime », s'exclama Tom. « T'as pas à te lever, les matins, et t'as pas à aller à l'école, ni à te laver et toutes ces fichues conneries. »

« Tu vois, Joe, le pirate n'a absolument rien à faire quand il est à terre, mais l'ermite, lui, doit dire des prières qui n'en finissent pas, et puis i's' marre jamais, de toute manière, tout seul qu'il est. »

« Ah, ouais, c'est comme ça », fit Joe, « mais, tu sais, j'y avais pas pensé beaucoup. Maintenant qu'j'y ai goûté, j'préfère de loin être un pirate. »

« Tu vois », poursuivit Joe, « de nos jours les ermites ne sont plus à la mode comme ils l'étaient autrefois, mais les pirates inspirent le respect. Et puis l'ermite doit dormir là où c'est le plus dur, il doit aussi porter une tunique de bure, se mettre des cendres sur la tête et rester dehors quand il pleut, et aussi... »

« Pourquoi donc doit-il porter une tunique de bure et se mettre des cendres sur la tête ? » s'enquit Huckleberry.

« Ça, j'en sais rien. Mais ils doivent le faire de toute façon. Les ermites le font toujours. Tu dois faire ça si t'es ermite. »

« Tu parles que j'le ferais ! », lança Huck.

« Ben alors, qu'est-ce que tu ferais ? »

« J'sais pas. Mais j'le f'rais pas. »

« Tu parles ! Mais tu s'rais bien obligé d'le faire. Comment tu t'en sortirais ? »

« Eh ben, j'pourrais pas l'supporter. J'me barrerais. »

---

10. **a pirate, a hermit** : noter l'emploi de l'article indéfini rendu soit par un article défini au singulier soit par le pluriel.
11. **to have (got) to** : *devoir, être obligé.*
12. **sackcloth** : *toile de sac* ; *bure* ; **ashes** : *cendres.*
13. **what for ?** : *pour quelle raison, dans quel but, pourquoi.*
14. ***I* dunno** pour ***I* don't know** : noter emploi italiques pour insister.
15. **you was** pour **you were.**
16. **dern'd/darn'd** : euphémismes pour éviter le juron **damned.**
17. **How'd you = how would you.**
18. **to get (got, got) around sth** : *éviter (de faire) qqch, s'en tirer.*

'Run away! Well, you *would* be a nice old slouch of a hermit. You'd be a disgrace[1].'

The Red-handed made no response, being better employed. He had finished gouging[2] out a cob, and now he fitted a weed stem[3] to it, loaded[4] it with tobacco, and was pressing[5] a coal to the charge and blowing a cloud of fragrant[6] smoke; he was in the full bloom[7] of luxurious contentment. The other pirates envied him this majestic vice, and secretly resolved[8] to acquire it shortly. Presently Huck said:

'What do pirates have to do?'

Tom said:

'Oh, they have just a bully[9] time – take ships, and burn them, and get the money and bury it in awful places[10] in their island where there's ghosts[11] and things to watch it, and kill everybody in the ships – make 'em walk a plank[12].'

'And they carry the women to the island,' said Joe; 'they don't kill the women.'

'No,' assented[13] Tom, 'they don't kill the women – they're too noble. And the women's always beautiful, too.'

'And don't they wear the bulliest clothes! Oh, no! All gold and silver and di'monds[14],' said Joe with enthusiasm.

'Who?' said Huck.

'Why, the pirates.'

---

1. m. à m. : *tu serais un sacré bel empoté d'ermite* ; **would** : emphase marquée par italiques, rendue par *vraiment* ou *sacré* ; **nice old** : ces deux adjectifs servent à souligner la signification du substantif qui les suit, d'où : *sacré* et *beau* : **disgrace** ; *honte, déshonneur* ; **to disgrace** : *être la honte de, déshonorer.*

2. **to gouge** : *se servir d'une gouge, vider, creuser* ; **to gouge out** : *évider* ; *énucléer.*

3. **weed** : *mauvaise herbe*, ici traduit par *liane* ; **stem** : *tige.*

4. **to load** : *charger* ; (pipe) *bourrer.*

5. **to press** : *presser, serrer, appuyer.*

6. **fragrant** : *parfumé, embaumant, d'odeur agréable* ; **fragrance** : *parfum.*

« Tu t'barrerais ! Ouais, pour le coup, tu s'rais vraiment un sacré bel empoté d'ermite. Tu s'rais la honte de la profession. »

La Main dans le Sac ne répondit pas, ayant mieux à faire. Il venait de finir d'évider un épi de maïs et maintenant y fixait une tige creuse de liane pour en faire un tuyau ; il bourrait sa pipe de tabac, y portait un bout de braise et expirait un nuage de fumée odorante ; il était au summum d'un plaisir de luxe. Les autres pirates lui envièrent ce vice majestueux et secrètement décidèrent de s'y adonner au plus vite. Peu de temps après Huck reprit :

« Et qu'est-ce que les pirates doivent faire ? »

Tom répondit :

« Oh, ils n'ont que du bon temps — ils prennent des bateaux, les brûlent, s'emparent de l'argent, le cachent dans des endroits qui font peur sur leur île, là où il y a des fantômes et d'autres trucs pour monter la garde, ils tuent aussi tout le monde sur les bateaux — ils les forcent à passer par-dessus bord. »

« Mais ils emmènent les femmes sur leur île », fit remarquer Joe ; « ils ne tuent pas les femmes. »

« Non », confirma Tom, « ils ne tuent pas les femmes — ils ont trop de noblesse. Et puis les femmes, elles sont toujours belles. »

« Et puis, ils ont des vêtements des plus chic ! Pas vrai ! Tout couverts d'or, d'argent et de diamants », ajouta Joe avec enthousiasme.

« Qui ? » fit Huck.

« Les pirates, pardi ! »

---

7. **bloom** : *floraison* (arbres fruitiers, fleurs...) ; *épanouissement.*

8. **to resolve** : *décider de, prendre la résolution de* ; *résoudre* (problème).

9. **bully** : *excellent, de premier ordre, épatant, chouette* (archaïque).

10. **awful place** : *endroit horrible, qui inspire l'effroi/la terreur.*

11. **there's ghosts** pour **there are ghosts** : *il y a des fantômes.*

12. **to walk the plank** : pratique utilisée par les pirates qui forçaient leurs prisonniers à avancer, les yeux bandés, sur une planche qu'ils avaient disposée au-dessus de la mer.

13. **to assent** : *acquiescer, donner son assentiment* ; *corroborer.*

14. **di'monds** pour **diamonds** : *diamants.*

Huck scanned[1] his own clothing forlornly.

'I reckon I ain't dressed fitten for a pirate[2],' said he, with a regretful pathos in his voice; 'but I ain't got none but these[3].'

But the other boys told him the fine clothes would come fast enough after they should have begun their adventures. They made him understand that his poor rags would do to begin with[4], though it was customary[5] for wealthy[6] pirates to start with a proper wardrobe[7].

Gradually their talk died out and drowsiness began to steal upon[8] the eyelids of the little waifs[9]. The pipe dropped from the fingers of the Red-Handed, and he slept the sleep of the conscience-free and the weary. The Terror of the Seas and the Black Avenger of the Spanish Main had more difficulty in getting to sleep. They said their prayers inwardly[10], and lying down, since there was nobody there with authority to make them kneel and recite aloud; in truth they had a mind not to[11] say them at all, but they were afraid to proceed to such lengths[12] as that, lest they might call down a sudden and special thunder-bolt from heaven[13]. Then at once they reached and hovered upon the imminent verge of sleep – but an intruder came now that would not 'down[14]'. It was conscience.

---

1. **to scan** : *étudier, examiner* ; *scruter* ; *parcourir du regard, balayer.*

2. **I ain't dressed fitten for a pirate** pour **I am not dressed in a way fit for a pirate** : *je suis pas habillé comme il convient à un pirate* ; **to dress** : s'habiller ; **fitten** : (archaïque) *à même/capable de, correspondant à.*

3. **I ain't got none but these** pour **I haven't got any but these** : *je n'en ai pas d'autres que ceux-là.*

4. **to begin with** : *pour commencer, pour débuter* ; (loc) *en premier lieu, tout d'abord.*

5. **customary** ( = **usual**) : *habituel, coutumier* ; **custom** : *coutume.*

6. **wealthy** : *opulent, riche* ; **wealth** : *richesse.*

Huck scruta ses propres vêtements l'air tout abattu.

« J'pense que j'porte pas la tenue qui convient pour être pirate », poursuivit-il, sur un ton pathétique et plein de regret ; « mais j'ai rien d'autre à me mettre. »

Alors les autres garçons lui dirent que les beaux vêtements arriveraient vite après le début de leurs aventures. Ils lui firent comprendre que ses pauvres guenilles conviendraient pour ses premiers pas, bien que d'habitude les pirates riches démarraient en habits convenables.

Peu à peu leur conversation finit par mourir et la somnolence se mit à peser sur les paupières des petits abandonnés. La pipe tomba des doigts de La Main dans le Sac qui s'endormit du sommeil de celui qui a la conscience tranquille et qui est fourbu. La Terreur des Mers et le Vengeur Noir des Mers Espagnoles, quant à eux, eurent plus de mal à trouver le sommeil. Ils récitèrent leurs prières intérieurement et couchés, puisque personne en position d'autorité n'était là pour les faire mettre à genoux et prier à haute voix. Pour dire la vérité, ils étaient bien décidés à ne pas les réciter, mais ils eurent peur de pousser l'affaire jusqu'à cette extrémité par crainte de s'attirer les foudres soudaines et bien précises du ciel. Alors, très vite, ils parvinrent et planèrent sur les bords d'un sommeil imminent – mais une intruse se présenta à ce moment qui n'entendait pas « disparaître ». C'était leur mauvaise conscience.

---

7. **wardrobe** : *garde-robe.*

8. **to steal (stole, stolen) upon** : *se glisser furtivement* ; **to steal** : *voler, dérober.*

9. **waif** : *enfant abandonné, perdu* ; **waifs and strays** : *enfants abandonnés.*

10. **inwardly** : *intérieurement* ; **inward** : *vers/à l'intérieur.*

11. **to have a mind to** : *avoir (bien) l'intention.*

12. **to proceed to such lengths** : *aller jusqu'à de telles extrémités.*

13. **heaven** : *ciel, cieux, paradis.*

14. **to down** : *baisser, disparaître.*

They began to feel a vague fear that they had been doing wrong[1] to run away; and next they thought of the stolen meat, and then the real torture came. They tried to argue it away[2] by reminding[3] conscience that they had purloined sweetmeats and apples scores of times[4]; but conscience was not to be appeased by such thin plausibilities. It seemed to them, in the end, that there was no getting around[5] the stubborn[6] fact that taking sweetmeats was only 'hooking[7]' while taking bacon and ham and such valuables was plain, simple stealing – and there was a command[8] against that in the Bible. So they inwardly resolved that so long as they remained in the business, their piracies should not again be sullied with the crime of stealing. Then conscience granted a truce[9], and these curiously inconsistent[10] pirates fell peacefully to sleep.

---

1. **to do wrong/right** : *faire (le) mal/bien.*

2. **to argue** : *discuter, argumenter, se servir d'arguments* ; **away** : *loin, au loin* ; ici : *chasser, éloigner à force d'arguments, faire disparaître.*

3. **to remind sb of sth/sb that** : *rappeler qq chose à qqn/à qqn que.*

4. **scores of times** : *des vingtaines de fois* ; en anglais, le mot *dizaine* du système métrique, inconnu à l'époque en Angleterre comme aux États-Unis, rend assez bien le mot **dozen**, *douzaine* ; **score**, *vingtaine* peut être considéré comme une forme de pluriel de *dizaine.*

Ils commencèrent à ressentir une vague crainte en songeant qu'ils avaient eu tort de se sauver; ensuite ils pensèrent à la viande de porc qu'ils avaient volée et ce fut alors que la vraie torture commença. Ils tentèrent de la faire cesser en arguant avec leur conscience qu'ils avaient dérobé des confiseries et des pommes des dizaines et des dizaines de fois; mais leur conscience ne fut pas apaisée par des arguments aussi peu convaincants. Ils finirent par se dire que, selon toutes les apparences, ils ne pouvaient pas nier le fait têtu que chiper des bonbons n'était que de la « fauche », tandis que prendre du lard, un jambon et autres provisions de valeur était du vol pur et simple – et que, de plus, il y avait un commandement interdisant cette action dans la Bible. Ils décidèrent donc dans leur for intérieur que, tant qu'ils resteraient dans les affaires, le délit de vol qualifié ne viendrait pas souiller leurs actes de piraterie. À ce point leur conscience leur accorda un sursis et nos pirates, dont la logique d'action était bien curieuse, trouvèrent un sommeil paisible.

---

5. **no getting around** : *aucun/pas moyen d'éviter, de ne pas admettre.*
6. **stubborn** : *têtu, bien établi.*
7. **to hook** : *dérober, voler, chiper* (petits larcins).
8. **command** : *ordre* ; *maîtrise* ; (Bible) *commandement.*
9. **truce** : *trêve* ; *sursis.*
10. **inconsistent** : *sans logique, illogique* ; **consistent** : *logique* (avec soi-même).

# Huckleberry Finn

## CHAPTER II

**[...]**

**'Now we'll start[1] this band of robbers and call it Tom Sawyer's Gang. Everybody that wants to join[2] has got to take an oath, and write his name in blood.'**

**Everybody was willing. So Tom got out a sheet[3] of paper that he had wrote on, and read it. It swore every boy to stick to[4] the band, and never tell any of the secrets; and if anybody done[5] anything to any boy in the band, whichever[6] boy was ordered to kill that person and his family must do it, and he mustn't eat, and he mustn't sleep till he had killed them and hacked[7] a cross in their breasts, which was the sign of the band. And nobody that didn't belong to[8] the band could use that mark, and if he did he must be sued[9]; and if he done it again he must be killed. And if anybody that belonged to the band told the secrets, he must have his throat cut, and then have his carcass[10] burnt up and the ashes scattered around, and his name blotted off[11] of the list with blood, and never mentioned again by the gang, but have a curse put on it and be forgot, for ever.**

---

1. **to start** : *commencer, démarrer, débuter.*
2. **to join** : *se joindre à, rejoindre, s'engager, s'inscrire.*
3. **sheet** : *drap* (lit), *feuille* (papier).
4. **to stick (stuck, stuck) to** : *coller à, rester fidèle à, ne pas trahir.*
5. **if anybody done it** pour **if anybody did it** : ici, le récit donne la transcription du règlement écrit par Tom.
6. **whichever** : *quel que soit, n'importe [le]quel.*
7. **to hack** : *hacher, tailler, taillader, couper* ; **breast** : *poitrine, sein.*
8. **to belong to** : *appartenir à.*
9. **to sue** : *poursuivre en justice* (au civil) ; **to sue for damages** : *poursuivre pour dommages et intérêts* ; **to prosecute** : *poursuivre* (au pénal).
10. **carcass** : *carcasse, cadavre, corps.*
11. **to blot off sth** : *effacer d'un endroit.*

## CHAPITRE II

[...]

« On va maintenant créer cette bande de voleurs et lui donner le nom de Gang de Tom Sawyer. Tous ceux qui veulent en faire partie devront prêter serment et signer de leur nom avec leur sang. »

Tout le monde fut volontaire. Tom sortit alors une feuille de papier sur laquelle il avait écrit le serment et la lut. Ça commençait par l'engagement sous serment de chacun des garçons de rester dans le Gang et de jamais en révéler les secrets ; si n'importe qui s'attaquait à n'importe lequel des membres du Gang, quel que soit le gars qui en recevrait l'ordre, il devrait tuer l'ennemi et sa famille ; il devrait également ne pas manger ni dormir avant de les avoir tous tués et gravé au couteau sur leur poitrine une croix qui serait la marque du Gang. Personne, sauf les membres du Gang, n'aurait le droit d'utiliser cette marque ; si cela se produisait, le coupable serait poursuivi en justice ; en cas de récidive, il y aurait exécution capitale. Si un membre du Gang révélait les secrets, sa gorge serait tranchée, sa carcasse complètement brûlée et ses cendres dispersées ; son nom serait barré de la liste avec du sang et plus jamais prononcé par le Gang ; bien plus, on porterait sur ce nom une malédiction pour qu'il soit oublié pour toujours.

Everybody said it was a real beautiful oath[1], and asked Tom if he got it out of his own head[2]. He said, some of it[3], but the rest was out of pirate books, and robber books[4], and every gang that was high-toned[5] had it.

Some thought it would be good to kill the *families* of boys that told the secrets. Tom said it was a good idea, so he took a pencil and wrote it in. Then Ben Rogers says:

"Here's Huck Finn, he hain't got no family[6] – what you going to do 'bout him[7]?"

"Well, hain't he got a father?" says Tom Sawyer.

"Yes, he's got a father, but you can't never find him, these days. He used to lay drunk with the hogs in the tanyard[8], but he hain't been seen in these parts[9] for a year or more."

They talked it over, and they was going to rule me out[10], because they said every boy must have a family or somebody to kill, or else it wouldn't be fair and square[11] for the others. Well, nobody could think of anything to do – everybody was stumped[12], and set still[13]. I was most ready to cry[14]; but all at once I thought of a way, and so I offered them Miss Watson – they could kill her. Everybody said:

---

1. **a real beautiful oath** pour **a really beautiful oath** (familier US) : *vachement bath.*

2. m. à m. : s'il l'avait sorti de sa propre tête.

3. **some of it** : *un peu, une petite partie.*

4. m. à m. : *le reste venait/sortait de livres de pirates et de livres de voleurs.*

5. **high-toned** : *d'un ton relevé, élégant, ostentatoire, supérieur.*

6. **he hain't got no family** pour **he hasn't got any family.**

7. **what you going to do 'bout him?** pour **what are you going to do about him?**

Tous déclarèrent que c'était là un serment vachement chouette et demandèrent à Tom s'il l'avait trouvé tout seul. Il répondit qu'oui, pour une partie, mais qu'le reste venait des livres qu'il avait lus sur les pirates et sur les voleurs et que tout gang qui avait de la tenue en possédait un pareil.

Certains pensèrent que ce serait bien de supprimer aussi la famille entière de ceux qui révèleraient les secrets. Tom trouva que c'était une bonne idée et il prit un crayon et ajouta donc une phrase. Ben Rogers fit alors remarquer :

« Mais Huck Finn, lui, il a pas d' famille – qu'est-ce que tu vas faire pour lui ? »

« Mais, il a bien un père ? » répondit Tom Sawyer.

« Ouais, il a un père, mais on sait jamais où il est, ces temps derniers. D'habitude on l' trouvait saoul, couché avec les cochons dans la tannerie, mais on l'y a pas vu depuis un an ou plus. »

Ils s'entretinrent du sujet un moment et furent bien sur le point de me rayer de leur liste parce que, comme i'disaient, i'fallait qu' chaque garçon ait une famille ou quelqu'un à tuer, sinon ce serait ni juste ni égal pour les autres. Alors personne put trouver de solution — ils furent tous embarrassés et restèrent assis sans voix. Moi, j'étais presque prêt à chialer; mais d'un seul coup j'ai eu une idée pour m'en sortir et j'leur ai proposé Miss Watson — ils pourraient la tuer. Tous sont tombés d'accord :

---

8. **to tan** : *tanner*; *hâler, bronzer*; **tanyard** : *tannerie.*

9. **in these parts** : *dans cet endroit.*

10. **they was going** pour **they were going**; **to rule out** : *écarter, éliminer* (selon une règle, un règlement).

11. **fair** : *blond*; *beau*; *juste, régulier, correct*; *obéissant aux règlements.*

12. **stumped** : *ne sachant plus quoi répondre*; *être collé, sécher.*

13. **set still** pour **sat still** : *restèrent assis silencieux.*

14. **I was most ready to cry** pour **I was almost ready to cry** : *j'étais presque prêt à pleurer.*

"Oh, she'll do, she'll do. That's all right. Huck can come in."

Then they all stuck[1] a pin in their fingers to get blood to sign with, and I made my mark on the paper.

"Now," says Ben Rogers, "what's the line of business[2] of this Gang?"

"Nothing only robbery and murder," Tom said.

"But who are we going to rob[3]? houses – or cattle – or – "

"Stuff[4]! stealing cattle and such things ain't robbery, it's burglary[5]," says Tom Sawyer. "We ain't burglars. That ain't no sort of style[6]. We are highwaymen[7]. We stop stages[8] and carriages on the road, with masks on[9], and kill the people and take their watches and money."

"Must we always kill the people?"

"Oh, certainly. It's best. Some authorities[10] think different, but mostly[11] it's considered best to kill them. Except some that you bring to the cave here and keep them till they're ransomed."

"Ransomed? What's that?"

"I don't know. But that's what they do. I've seen it in books; and so of course that's what we've got to do."

"But how can we do it if we don't know what it is?"

---

1. **to stick (stuck, stuck)** : *coller, ficher* ; ici : *enfoncer.*

2. **the line of business** : *le secteur d'activité, le domaine* ; **what's your line ?** : *quelle est votre activité, que faites-vous ?*

3. **to rob** : *voler, dérober* ; **to rob sb of sth** : *dépouiller qqn de qch.*

4. **stuff !** : *tu parles ! fadaises ! sornettes !*

5. **burglary** : *cambriolage* ; **burglar** : *cambrioleur.*

6. **no sort of style** : *c'est pas dans le style/le genre.*

7. **highwayman** : *bandit de grand chemin.*

« Ouais, elle f'ra l'affaire, elle f'ra l'affaire. C'est parfait. Huck peut être avec nous. »

Puis ils s' piquèrent tous le doigt avec une épingle pour signer avec leur sang et j' mis ma marque sur le papier.

« C'est pas tout ça », lança Ben Rogers, « dans quel genre d'affaires va opérer notre Gang ? »

« Rien que des vols et des meurtres », a répondu Tom.

« Mais qu'est-ce qu'on va voler ? c'qu'il y a dans les maisons – ou du bétail – ou quoi – ? »

« Tu parles ! voler du bétail et des trucs comme ça, c'est pas du vol, c'est d'la cambriole », déclara Tom Sawyer. « On est pas des cambrioleurs. I' font ça sans règles de l'art. Nous, on est des brigands. On arrête les diligences et les voitures sur les routes, on porte des masques, on tue les voyageurs, on prend leur montre et leur argent. »

« Faudra toujours tuer les gens ? »

« Oh, ça sûrement. C'est mieux. Certains pensent autrement, mais la plupart du temps on considère qu'il vaut mieux les tuer. Sauf certains qu'on amènera ici dans la caverne et qu'on gardera jusqu'à c'qu'on ait leur rançon. »

« Leur rançon ? Qu'est-ce que ça veut dire ? »

« J'sais pas. Mais c'est c'que les brigands font. J'l'ai lu dans des livres ; et bien sûr c'est ce qu'il faudra qu'on fasse. »

« Mais comment est-ce qu'on va s'y prendre si on sait pas c' que ça veut dire ? »

---

8. **stage (coach)** : *diligence*.
9. **with masks on** : *en portant un masque, le visage masqué*.
10. **authority** : *autorité*.
11. **mostly** : *la plupart (du temps)*.

"Why, blame it all[1], we've *got* to do it. Don't I tell you it's in the books? Do you want to go to doing different from what's in the books, and get things all muddled up[2]?"

"Oh, that's all very fine[3] to *say,* Tom Sawyer, but how in the nation[4] are these fellows going to be ransomed if we don't know how to do it to them? That's the thing *I* want to get at[5]. Now what do you *reckon* it is?"

"Well, I don't know. But per'aps if we keep them till they're ransomed, it means that we keep them till they're dead[6]."

"Now, that's something *like.* That'll answer. Why couldn't you said that before? We'll keep them till they're ransomed to death – and a bothersome[7] lot[8] they'll be too, eating up everything and always trying to get loose."

"How you talk, Ben Rogers. How can they get loose when there's a guard over them, ready to shoot them down if they move a peg[9]?" "A guard[10]. Well, that *is* good. So somebody's got to set up[11] all night and never get any sleep, just so as to watch them. I think that's foolishness. Why can't a body[12] take a club[13] and ransom them as soon as they get here?"

---

1. **blame it all** : (juron) *que tout ça soit blamé.*
2. **to muddle (up)** : *embrouiller.*
3. **fine** : *joli, beau, bien.*
4. **how in the nation** : (juron) *comment diantre.*
5. **to get at sth** : *comprendre qch.*
6. **death** : *mort, décès.*
7. **bothersome** : *ennuyeux, source de problèmes.*
8. **lot** : *lot, groupe, bande* ; **a lot of** : *beaucoup de.*

« Mais bon Dieu, c'est bien ce qu'i faut qu'on fasse. J'vous ai pas déjà dit que c'est écrit dans les livres ? Vous voulez vraiment faire autrement que c' qui est écrit dans les livres et bousiller tous nos projets ? »

« Oh d'accord, c'est bien facile à dire comme ça, Tom Sawyer, mais comment diable on rançonnera ces types, si on sait pas comment s'y prendre avec eux ? C'est exactement ça que, moi, je veux savoir. Alors maintenant, qu'est-ce que toi t' en penses vraiment ? »

« Ben, j'sais pas. Mais p't-être que si on les garde jusqu'au moment où on les rançonne, ça veut dire qu'on les garde jusqu'à ce qu'ils soient morts. »

« Bon, ça ressemble bien à ça. C'est une réponse. Pourquoi tu pouvais pas l' dire tout de suite ? On les gardera jusqu'à ce qu'on les ait rançonnés et qu'ils en soient morts – mais alors ils nous causeront des tas de problèmes, en boulottant toutes nos provisions et en cherchant sans arrêt à s'échapper. »

« Attends un peu, Ben Rogers, comment tu causes ? Comment pourront-ils s'échapper, alors qu'il y aura quelqu'un qui les surveillera, prêt à les tuer d'un coup de fusil s'ils bougent d'un poil ? »

« Quelqu'un qui les surveillera ? Voilà qui est de mieux en mieux, maintenant. Alors quelqu'un devra veiller toute la nuit, ne jamais dormir, rien que pour les surveiller. Moi, j'pense que c'est de la bêtise. Pourquoi on pourrait pas prendre un bon gourdin et les rançonner dès qu'ils arriveraient ici ? »

---

9. **peg** : *piquet, cheville* ; *cran, point* ; *degré, ton.*

10. **guard** : *gardien, garde, surveillant.*

11. **to set up all night** pour **to sit up (sat, sat) all night** : *veiller toute la nuit.*

12. **a body** : *un corps* ; ici, *une personne, un homme, quelqu'un* **a body** étant mis pour **somebody**.

13. **club** : *canne de golf, massue, gourdin.*

"Because it ain't in the books so – that's why. Now, Ben Rogers, do you want to do things regular[1], or don't you? – that's the idea. Don't you reckon that the people that made the books knows[2] what's the correct thing to do? Do you reckon *you* can learn[3]'em anything? Not by a good deal. No, sir[4], we'll just go on and ransom them in the regular way."

"All right. I don't mind; but I say it's a fool way, anyhow. Say – do we kill the women too?"

"Well, Ben Rogers, if I was as ignorant as you I wouldn't let on[5]. Kill the women? No – nobody ever saw anything in the books like that. You fetch them to the cave, and you're always as polite as pie[6] to them; and by-and-by[7] they fall in love with you and never want to go home any more."

"Well, if that's the way, I'm agreed[8], but I don't take no stock[9] in it. Mighty[10] soon we'll have the cave so cluttered up[11] with women, and fellows waiting to be ransomed, that there won't be no place for the robbers. But go ahead[12], I ain't got nothing to say."

Little Tommy Barnes was asleep, now, and when they waked[13] him up he was scared, [14] and cried, and said he wanted to go home to his ma, and didn't want to be a robber any more.

---

1. **regular** (US) pour **regularly** : *régulièrement.*

2. **knows** pour **know.**

3. **to learn (learnt, learnt)** : *apprendre,* ici pour **to teach (taught, taught)** : *enseigner.*

4. **sir** : emploi emphatique... *Môssieur.*

5. **to let on** : (familier) *parler inconsidérément, l'ouvrir, moufter.*

6. **as polite as pie, as nice as pie** : *aussi poli/gentil que possible, très poli/gentil.*

7. **by-and-by, little by little** : *peu à peu, graduellement.*

« Parce que c'est pas comme ça dans les livres – et voilà. Maintenant, Ben Rogers, veux-tu qu'on fasse les choses comme on doit ou pas ? – Qu'est-ce que tu veux ? Penses-tu pas que les gens qui écrivent les livres savent bien c' qu'on doit faire ? Penses-tu vraiment que, toi, tu peux leur apprendre quelque chose de mieux ? Pas grand-chose, à mon avis. Non, et non, on fera comme j'ai dit et on les rançonnera selon les règles. »

« D'accord. Ça m'est égal ; mais je continue à dire que c'est d' la bêtise. Et dis-moi un peu – est-ce qu'on tue aussi les femmes ? »

« Écoute, Ben Rogers, si j'étais aussi ignorant qu' toi j'me tairais. Tuer les femmes ? Non bien sûr – on a jamais lu de choses pareilles dans les livres. On les emmène dans la caverne et on se montre toujours on ne peut plus poli avec elles ; peu à peu elles tombent amoureuses de nous et ne veulent plus retourner chez elles. »

« Si c'est comme ça, j' suis d'accord, mais j'y crois pas. On aura très vite notre caverne toute encombrée de femmes et en plus aussi de types attendant d'être rançonnés, si bien qu'il y aura plus de place pour les brigands. Mais vas-y, continue, j'ai plus rien à dire. »

Le petit Tommy Barnes était maintenant endormi et quand ils le réveillèrent, il eut la frousse et se mit à pleurer et dit qu'il voulait retourner chez lui pour voir sa maman et qu'il voulait plus être un brigand.

---

8. **to be agreed** : *être d'accord.*
9. **to take stock in sth** : *faire grand cas de qch.*
10. **mighty soon** pour **very soon.**
11. **to clutter** : *grouper, rassembler* ; **to clutter up** : *encombrer.*
12. **to go ahead** : *aller de l'avant, continuer.*
13. **waked** pour **woke** ; **to wake (woke, woken) up** : *réveiller.*
14. **to scare** : *effrayer, terroriser.*

So they all made fun of him, and called him cry-baby, and that made him mad, and he said he would go straight[1] and tell all the secrets. But Tom give him[2] five cents to keep quiet, and said we would all go home and meet next week and rob somebody and kill some people.

Ben Rogers said he couldn't get out much, only Sundays, and so he wanted to begin next Sunday; but all the boys said it would be wicked to do it on Sunday, and that settled the thing. They agreed to get together and fix a day as soon as they could, and then we elected Tom Sawyer first captain and Jo Harper second captain of the Gang, and so started home.

I clumb up[3] the shed and crept into my window just before day was breaking. My new clothes was all greased up[4] and clayey[5], and I was dog-tired.

---

1. **straight** : *droit, direct*; **go straight on** : *allez tout droit.*
2. **Tom give him** pour **Tom gave him.**
3. **I clumb up** pour **I climbed up** : *escalader, monter sur.*
4. **was all greased up** pour **were all greased up** : *étaient tout graisseux.*
5. **clay** : *argile, glaise, terre*; **clayey** : *glaiseux.*

Alors ils se moquèrent tous de lui et le traitèrent de pleurnichard, ce qui le rendit furieux, et il dit qu'il irait tout raconter. Mais Tom lui donna cinq cents pour qu'il se taise et dit que nous allions tous rentrer chez nous et nous retrouver la semaine prochaine pour braquer quelqu'un et tuer des gens.

Ben Rogers dit qu'il ne pouvait pas sortir beaucoup, seulement les dimanches et qu'il voulait qu'on commence dimanche prochain ; mais tous les garçons dirent que ce serait mal de faire ça un dimanche et l'affaire fut réglée. Ils tombèrent d'accord pour se retrouver et fixer la date la plus proche, puis on élit Tom Sawyer capitaine et Jo Harper second à la tête du Gang et on rentra chez nous.

J'grimpai sur la cabane et m'glissai par ma fenêtre juste avant le lever du jour. Mon nouveau costume était plein d' graisse et couvert de glaise et j'étais crevé.

## CHAPTER XII

[...]

**This second night we run[1] between seven and eight hours, with a current that was making over four mile an hour. We catched[2] fish, and talked, and we took a swim now and then to keep off[3] sleepiness[4]. It was kind of[5] solemn, drifting down the big still river, laying[6] on our backs looking up at the stars, and we didn't ever feel like talking loud[7], and it warn't[8] often that we laughed, only a little kind of a low chuckle. We had mighty good weather, as a general thing, and nothing ever happened to us at all, that night, nor the next, nor the next.**

**Every night we passed towns, some of them away up on black hillsides[9], nothing but just a shiny[10] bed of lights, not a house could you see. The fifth night we passed St. Louis, and it was like the whole world lit up. In St. Petersburg they used to say[11] there was twenty or thirty thousand people in St. Louis, but I never believed it till I see[12] that wonderful spread[13] of lights at two o'clock that still night. There warn't a sound there; everybody was asleep.****never believed it till I see that wonderful spread of lights at two o'clock that still night. There warn't a sound there; everybody was asleep.**

[...]

---

1. **we run** pour **we ran** : *nous naviguâmes.*
2. **we catched** pour **we caught** : *nous attrapâmes.*
3. **to keep off** : *tenir éloigner.*
4. **sleepiness** : *sommeil, somnolence* ; **sleep** : *sommeil* ; **to feel/be sleepy** : *avoir sommeil.*
5. **kind of** : *sorte de, comme, pour ainsi dire.*
6. **laying** pour **lying** : *étendu, couché.*
7. **to talk loud** : *parler fort, à voix haute* ; **in a low voice** : *à voix basse.*

## CHAPITRE XII

[...]

La seconde nuit on navigua entre sept et huit heures durant avec un courant qui nous poussait à plus de quatre milles à l'heure. On attrapait des poissons et on parlait, et de temps en temps on nageait pour ne pas s'endormir. Tout ça avait quelque chose de solennel, à descendre en dérivant sur le grand fleuve, couchés sur le dos, à regarder les étoiles sans avoir vraiment envie de parler haut, et c'était pas souvent qu'on riait, sauf des petits gloussements étouffés. On avait grand beau temps, dans l'ensemble, et rien du tout ne nous est arrivé cette nuit là, ni la suivante, ni encore la suivante.

Chaque nuit on passait devant des villes, certaines haut perchées dans des collines sombres : on ne pouvait pas y voir une seule maison, rien qu'une bande toute éclairée de lumières. La cinquième nuit on est passé devant St Louis et c'était comme si le monde entier était éclairé. Les gens de St Petersburg disaient qu'il y avait entre vingt et trente mille habitants à St Louis, mais j'y croyais pas avant de voir cet étalage merveilleux de lumières à deux heures du matin par cette nuit calme. Y avait pas un bruit ; tout le monde dormait.

[...]

---

8. **it warn't** pour **it wasn't.**
9. **hillsides** : *flancs de colline.*
10. **shiny** : *brillant* ; **to shine (shone, shone)** : *briller* ;.
11. **they used to say** : *on disait* ; **there was** pour **there were.**
12. **till I see** pour **till I saw** : *jusqu'à ce que je visse.*
13. **spread** : *étalage, grand nombre.*

Every night, now, I used to slip ashore, towards ten o'clock, at some little village, and buy ten or fifteen cents' worth[1] of meal or bacon or other stuff[2] to eat; and sometimes I lifted[3] a chicken that warn't roosting comfortable[4], and took him along. Pap[5] always said, take a chicken when you get a chance, because if you don't want him yourself you can easy find somebody that does, and a good deed ain't ever forgot. I never see pap when he didn't want the chicken himself, but that is what he used to say anyway[6].

Mornings, before daylight, I slipped into corn-fields and borrowed a watermelon, or a mushmelon, or a punkin[7], or some new corn, or things of that kind. Pap always said it warn't no harm to borrow things, if you was meaning to pay them back, sometime; but the widow said it warn't anything but a soft[8] name for stealing, and no decent[9] body would do it. Jim said he reckoned the widow was partly right and pap was partly right; so the best way would be for us to pick out[10] two or three things from the list and say we wouldn't borrow them any more – then he reckoned it wouldn't be no harm to borrow the others.

1. **worth** : *valeur* ; **five cents' worth** : [pour] *une valeur de cinq cents.*
2. **stuff** : *marchandise, provision, chose.*
3. **to lift** : *lever, soulever, prendre* ; *voler* ; **shoplifting** : *vol à la tire.*
4. **to roost** : *(se) percher* ; **comfortable** pour **comfortably.**
5. **pap, dad, daddy** : *papa, p'pa.*

Tous les soirs maintenant vers dix heures, j'me faufilais à terre dans un petit village et j'achetais pour dix ou quinze cents de farine ou de bacon ou autre chose à manger ; et aussi des fois j'me prenais un poulet qu'était pas encore bien perché pour dormir et j'l'emportais. 'Pa disait toujours, quand t'en as l'occasion emporte un poulet, parce que si t'en as pas envie toi tu trouveras toujours bien quelqu'un qui en aura envie, et une bonne action les gens s'en souviennent toujours. J'ai jamais vu 'Pa jamais n'en avoir pas envie du poulet, mais de toute façon c'était ce qu'il disait toujours.

Les matins avant le lever du jour, j'me glissais dans les champs de maïs où j'empruntais une pastèque ou encore un melon ou bien un potiron ou de jeunes épis de maïs ou des trucs de ce genre. 'Pa disait toujours que c'était pas faire le mal que d'emprunter des choses si on avait l'intention de les rembourser un jour ou l'autre ; mais la veuve disait que c'était rien d'autre qu'une manière gentille de dire voler et qu'aucune personne bien élevée ne ferait ça. Jim, lui, dit qu'à son avis la veuve avait en partie raison et que 'Pa lui aussi avait en partie raison ; et donc que la meilleure solution pour nous serait de choisir deux ou trois choses sur la liste en disant qu'on ne les emprunterait plus – alors, à son avis, ce serait pas faire le mal que d'emprunter les autres.

---

6. **anyway, anyhow** : *en tout cas, de toute façon.*
7. **punkin** pour **pumpkin** : *citrouille.*
8. **soft** : doux, faible.
9. **decent (body/person)** : (personne) *honnête, convenable.*
10. **to pick out** : *choisir, sélectionner.*

So we talked it over all one night, drifting along down the river, trying to make up our minds whether to drop the watermelons, or the cantelopes, or the mushmelons, or what. But towards day-light we got it all settled[1] satisfactory, and concluded to drop crabapples[2] and p'simmons[3]. We warn't feeling just right before that, but it was all comfortable now. I was glad the way it came out[4], too, because crabapples ain't ever good, and the p'simmons wouldn't be ripe for two or three months yet[5].

We shot a water-fowl, now and then, that got up too early in the morning or didn't go to bed early enough in the evening. Take it all around[6], we lived pretty high[7].

[...]

1. **to get it all settled** : *arriver à un accord* ; **satisfactory** pour **satisfactorily** : *de manière satisfaisante.*

2. **crabapple** : *pomme sauvage.*

3. **p'simmon** pour **persimmon** : *kaki, plaquemine.*

4. **the way it comes out** : *la conclusion, l'issue de l'affaire.*

5. m. à m. : *pendant deux ou trois mois encore.*

6. **take it all around** : *prenez tout dans son ensemble* ; **all told** : *tout (bien) compté.*

7. **to live pretty high** : *vivre très bien.*

On en a discuté toute la nuit, en descendant le fleuve et en essayant de décider si on laissait tomber les pastèques, ou les cantaloups, ou les melons, ou bien encore autre chose. Mais vers le lever du jour, on était parvenu à la conclusion très satisfaisante de laisser tomber les pommes sauvages et les kakis. Avant ça, on se sentait pas très bien, mais maintenant la situation était tout à fait réglée. Moi aussi, j'étais content de cette solution, parce que les pommes sauvages sont jamais très bonnes et les kakis seraient pas mûrs avant deux ou trois mois.

On tirait au fusil de temps en temps une poule d'eau qui ou bien s'était levée trop tôt le matin, ou bien ne s'était pas couchée assez tôt le soir. L'un dans l'autre, on avait la bonne vie.

[...]

## CHAPTER XIV

[...]

"Why[1], Huck, doan' de French people talk de same way we does[2]?"

"*No,* Jim; you couldn't understand a word they said – not a single word."

"Well, now, I be ding-busted[3]! How do dat come[4]?"

"*I* don't know; but it's so. I got some of their jabber[5] out of a book. S'pose a man was to come to you and say *Polly-voo-franzy* – what would you think?"

"I wouldn' think nuff'n; I'd take en bust him over de head. Dad is, if he warn't white[6]. I wouldn't 'low no nigger to call me dat[7]."

"Shucks[8], it ain't calling you anything. It's only saying do you know how to talk French."

"Well, den[9], why couldn't he *say* it?"

"Why, he *is* a-saying[10] it. That's a Frenchman's *way* of saying it."

"Well, it's a blame' ridicklous way, en I doan' want to hear no mo' 'bout it[11]. Dey ain' no sense in it[12]."

"Looky here[13], Jim; does a cat talk like we do?"

"No, a cat don't."

[...]

---

1. **why** : interjection : *alors, mais, comment ça.*

2. **doan' de French people talk de same say we does ?** pour **don't the French people talk the same way as we do ?**

3. **I be ding-busted/I be damned** : *que je sois damné* ; **to bust** : *bousiller, casser.*

4. **How does that come / How come** (US)/ **How is it ?** : *Comment se fait-il ?*

5. **jabber** : *langue, langage, baragouin.*

6. **I wouldn't think anything; I'd take en bust him over de head. Dad is, if he warn't white** pour **I would think nothing; I'd take and bust him over the head. That is, if he wasn't white.**

7. **I wouldn't allow no nigger** pour **I wouldn't allow any nigger**; **nigger** : *nègre, négro* (insulte raciste : **African-American** de nos jours).

## CHAPITRE XIV

« Comment ça, Huck, les Français pa'lent pas d' la même maniè'e que nous ? »

« Bien sûr que non, Jim ; tu pigerais pas un mot de ce qu'ils disent – pas un seul mot. »

« Ben ça alo', que je sois 'atatiné ! Comment ça peut-i bien êt'e ? »

« Moi j'en sais rien ; mais c'est comme ça. J'ai appris un peu de leur jactance dans un livre. Suppose qu'un type s'approche de toi et dise *Pâlez-vous franzais* – qu'est-ce que tu penserais ? »

« J'pense'ais 'ien ; j'l'att'ape'rais et lui flanque'ais un bon coup su' la tête. C'est-à-di'e, si c'était pas un blanc. J'n' pe'mett'ais pas à un nèg'e de m'appeler ainsi. »

« Connerie, i' t'appelle rien du tout. C'est simplement la façon de dire savez-vous parler français. »

« Mais alo 'pou'quoi peut-il pas le di'e tout simplement ? »

« Mais, c'est ce qu'i te dit en fait. C'est comme ça et pas autrement que les Français le disent »

« Ben, c'est une maniè'e fout'ement 'idicule et j'veux plus en entend'e plus su' ces histoi'es. Ça n'a aucun sens du tout. »

« Écoute un peu, Jim ; est-ce que le chat parle comme nous ? »

« Non, un chat pa'le pas comme nous. »

[...]

---

8. **shucks** : *mince* ! *zut* ! *merde* !

9. **den/then** : *alors*.

10. **a-saying** (US) archaïque pour **saying**.

11. **it's a blame' ridicklous way, en I doan' want to hear no mo' 'bout it** pour **it's a bloody ridiculous way and I don't want to hear any more about it**.

12. **there isn't any sense in it** pour **there is no sense in it**.

13. **looky here, Jim ; does a cat talk like we do ?** pour **look here, Jim ; does a cat talk as we do** (**like** tend de manière incorrecte à remplacer **as** (US et GB).

"Well, does a cow?"

"No, a cow don't, nuther[1]."

"Does a cat talk like a cow, or a cow talk like a cat?"

"No, dey[2] don't."

"It's natural and right for 'em to talk different from each other, ain't it[3]?"

"'Course[4]."

"And ain't it natural and right for a cat and a cow to talk different from *us?*"

"Why, mos' sholy[5] it is."

"Well, then, why ain't it natural and right for a *Frenchman* to talk different from us? You answer me that."

"Is a cat a man, Huck?"

"No."

"Well, den, dey ain't no sens[6] in a cat talkin' like a man. Is a cow a man? – er[7] is a cow a cat?"

"No, she ain't either of them."

"Well, den, she ain't got no business[8] to talk like either one er the yuther of 'em[9] Is a Frenchman a man?"

"Yes."

"*Well,* den! Dad blame it[10], why doan'[11] he *talk* like a man? You answer me *dat*[12]!"

---

1. **nuther** pour **neither** (*non plus*) ; **a cow doesn't either.**
2. **dey** pour **they.**
3. **ain't** pour **isn't it.**
4. **'course = of course** : *bien sûr.*
5. **most surely.**
6. **dey ain't no sens = there isn't any sense.**
7. **er = or.**
8. **then, she has got no business** : *elle n'a aucune raison.*

« Bon maintenant, est-ce que la vache parle comme nous ? »

« Non, une vache ça pa'le pas non plus. »

« Est-ce que le chat parle comme la vache, ou encore la vache comme le chat ? »

« Non, i'pa'lent pas pa'eil. »

« C'est normal et naturel pour eux de n' pas parler pareil, n'est-ce pas ? »

« Ben sû'. »

« Et c'est normal et naturel pour le chat et la vache de n' pas parler comme nous on l'fait, pas vrai ? »

« Ma foi, ça pou 'sû' assu'ément. »

« Alors, dis, pourquoi ça s'rait pas normal et naturel qu'un Français parle pas comme nous ? Qu'est-ce que tu réponds à ça, dis un peu ? »

« Huck, est-ce qu'un chat est un homme ? »

« Non. »

« Bien, alo', y a pas de 'aison qu'un chat pa'le comme un homme. Est-ce qu'une vache est un homme ?... ou bien, est-ce qu'une vache est un chat ? »

« Non elle est ni l'un ni l'autre. »

« Bon, alo', elle a aucune raison de pa'ler comme l'un ou l'aut'e. Est-ce qu'un F'ançais est un homme ? »

« Bon, tu vois bien ! Tu vois ta conne'ie, pourquoi i' pa'le pas comme un homme ? Et qu'est-ce que toi, tu 'éponds à ça maintenant ! »

---

9. **the yuther** pour **the other.**

7. **er = or.**

8. **then, she has got no business** : *elle n'a aucune raison.*

9. **the yuther** pour **the other.**

10. **dad blame it** = exclamation archaïque pouvant vouloir dire « *Que diable !* ».

11. **doan' = don't** (en fait c'est **doesn't** qui serait correct).

12. **dat = that.**

# CHAPTER XIX

**Two or three days and nights went by[1]; I reckon I might say they swum by[2], they slid[3] along so quiet and smooth[4] and lovely[5]. Here is the way we put in the time[6]. It was a monstrous big river down there – sometimes a mile and a half wide[7]; we run nights, and laid up[8] and hid[9] day-times; soon as night was most[10] gone, we stopped navigating and tied up[11] – nearly always in the dead water[12] under a tow-head[13]; and then cut young cotton-woods and willows[14] and hid the raft with them. Then we set out the lines[15]. Next we slid into the river and had a swim, so as to freshen up[16] and cool off[17]; then we set down[18] on the sandy[19] bottom[20] where the water was about knee-deep[21], and watched the daylight come. Not a sound anywheres – perfectly still – just like the whole world was asleep, only sometimes the bull-frogs[22] a-clattering[23], maybe.**

---

1. **to go by** : *passer* (devant).
2. **to swim (swam, swum)** : *nager.*
3. **to slide (slid, slid)** : *glisser.*
4. **smooth** : *lisse, sans heurt ni secousse.*
5. **lovely** : *joli, agréable, aimable.*
6. **to put in the time** : *passer le temps.*
7. **wide** : large ; **width** : *largeur.*
8. **to lay up (laid, laid)** : *désarmer* (navire), *mettre en rade.*
9. **to hide (hid, hidden)** : *(se) cacher.*
10. **most** pour **almost** : *presque.*
11. **to tie up** : *attacher, nouer, s'amarrer.*
12. **dead water** : *eau calme /sans courant.*

# CHAPITRE XIX

Deux ou trois jours passèrent ; je pense que je pourrais dire qu'ils filèrent car ils glissèrent si calmement, sans heurt et dans le plaisir. Voici comment on passait le temps. Là où on était c'était un sacré grand fleuve monstrueux – parfois large d'un mille et demi ; on naviguait la nuit, on accostait et on restait cachés le jour ; aussitôt que la nuit était presque finie, on arrêtait la navigation et on s'amarrait – presque toujours là où y'avait pas de courant sous une barre de sable ; on coupait des jeunes branches de cotonnier et de saule pour cacher le radeau. Ensuite on plaçait nos lignes. Après on se glissait dans le fleuve et on nageait un coup pour se détendre et se rafraîchir ; puis on s'asseyait sur le fond sableux là où l'eau nous arrivait aux genoux et on restait à guetter l'arrivée du jour. Y'avait pas un bruit nulle part – tout était parfaitement calme – comme si le monde entier dormait ; seul parfois se faisait peut-être entendre le vacarme du coassement des grosses grenouilles.

---

13. **towhead/ sandbar** : *barre de sable.*
14. **willow** : *saule* ; **weeping-willow** : *saule pleureur.*
15. **to set (set, set) out** : *sortir, préparer* ; **line** : *ligne* (pêche).
16. **to freshen up/ to refresh** : *se reposer, reprendre des forces.*
17. **to cool off** : *se rafraîchir.*
18. **set** pour **sit.**
19. **sandy** : *sableux, sablonneux.*
20. **bottom** : *fond, bas.*
21. **knee-deep** : *profond jusqu'à hauteur du genou.*
22. **bull-frog** : *grenouille taureau.*
23. **to clatter** : *faire un bruit assourdissant.*

The first thing to see, looking away over the water, was a kind of dull[1] line that was the woods on t'other[2] side – you couldn't make nothing else out[3]; then a pale face in the sky; then more paleness, spreading[4] around; then the river softened[5] up, away off, and warn't black any more, but gray; you could see little dark spots[6] drifting along, ever so far away – trading scows[7], and such things[8]; and long black streaks[9] – rafts; sometimes you could hear a sweep[10] screaking[11]; or jumbled[12] up voices, it was so still[13], and sounds come so far; and by-and-by you could see a streak on the water which you know by the look of the streak that there's a snag[14] there in a swif[15] current which breaks on it and makes that streak look that way; and you see the mist[16] curl[17] up off of the water, and the east reddens[18] up, and the river, and you make out a log cabin[19] in the edge of the woods, away on the bank[20] on t'other side of the river, being a wood-yard[21], likely[22], and piled by them cheats[23] so you can throw a dog through it anywheres; then the nice breeze[24] springs[25] up, and comes fanning[26] you from over there, so cool and fresh, and sweet[27] to smell, on account of the woods and the flowers;

---

1. **dull** : *morne* ; *brouillé, imprécis* (**dulled**).

2. **t'other** pour **the other.**

3. **to make out** : *distinguer, voir.*

4. **to spread (spread, spread)** : *(s') étendre, (se) répandre.*

5. **to soften** : *(s')adoucir* ; **soft** : *doux, lisse.*

6. **spot** : *point, petit objet.*

7. **scow** : *barge, chaland* ; **trading** : *engagé dans des échanges/activités commerciales.*

8. **and such things** : *choses similaires.*

9. **streak** : *bande, trait* ; **a streak of lightning** : *un éclair* ; **to streak** : *filer à toute allure* (tout nu).

10. **sweep** : ici, *perche / levier servant à tirer l'eau d'un puits.*

11. **to creak** : *craquer, grincer.*

12. **to jumble** : *mélanger, mêler.*

13. **still** : *tranquille, calme, silencieux.*

La première chose qu'on voyait quand on regardait au-dessus de l'eau c'était une sorte de ligne pas claire qui était les bois sur l'autre bord – on ne distinguait rien d'autre; puis il y avait une lueur pâle dans le ciel; puis la pâleur grandissait et se répandait partout; puis le fleuve devenait doux au regard, loin devant nous, et n'était plus noir mais gris; on y voyait des petits points sombres qui dérivaient dessus toujours au loin – c'étaient des petites barges chargées de marchandises et autres embarcations; et aussi des longs traits noirs – des radeaux; parfois on entendait grincer la perche qui servait à tirer l'eau d'un puits; ou bien des voix qui se mêlaient, il faisait si calme et les sons venaient de si loin; de temps à autre on voyait un trait sur l'eau que tu reconnaissais à son allure que c'était un tronc d'arbre flottant dans le courant rapide qui se brisait dessus et donnait au tronc son apparence reconnaissable; après on voyait la brume monter en s'enroulant au-dessus de l'eau, puis l'est rougissait, puis la rivière, et alors on voyait une cabane en rondins au bord des bois, là-bas sur la rive de l'autre bord du fleuve, dans ce qui était un entrepôt de bois, sans doute, et tout autour des tas d'herbes folles si bien que t'aurais pu y lancer un chien et l'y paumer à coup sûr; puis se levait une bonne brise qui venait t'éventer depuis là-bas, si fraîche et si douce avec des parfums si bons à sentir à cause des bois et des fleurs;

---

14. **snag** : *tronc d'arbre flottant*, d'où *problème, ennui.*
15. **swift** : (adj)*rapide* ;(n.) *martinet.*
16. **mist** : *brume, brouillard* (froid) ; **haze** : *brume de chaleur.*
17. **to curl** : *boucler, friser, s'enrouler, monter en spirales.*
18. **to redden** : *rougir, devenit rouge.*
19. **logcabin** : *cabane en rondins.*
20. **bank** : *rive, bord, berge.*
21. **woodyard** : *entrepôt de bois.*
22. **likely** : *probablement.*
23. **cheat/ cheatgrass** : *herbe folle.*
24. **breeze** : *brise* ; *cendres*(de charbon) ; **to brteeze**, *aller vite.*
25. **to spring (sprang, sprung)** : *surgir*, ici *se faire sentir* ; *sauter* ; *prendre sa source.*
26. **to fan** : *éventer, rafraîchir* ; **fan** : *éventail.*
27. **sweet** : *sucré* ; *doux, agréable, gentil.*

but sometimes not that way, because they've left dead fish laying around, gars[1], and such, and they do get pretty rank[2]; and next you've got the full day, and everything smiling in the sun, and the song-birds just going it[3]!

A little smoke couldn't be noticed, now, so we would take some fish off the lines and cook[4] up a hot breakfast[5]. And afterwards we would watch the lonesomeness[6] of the river, and kind of lazy along, and by-and-by lazy off to sleep[7]. Wake up[8] by-and-by, and look to see what done it[9], and maybe see a steamboat, coughing along up stream[10], so far off towards the other side you couldn't tell nothing about her only whether she was stern-wheel or side-wheel[11]; then for about an hour there wouldn't be nothing to hear nor nothing to see – just solid[12] lonesomeness. Next you'd see a raft sliding by, away off yonder[13], and maybe a galoot[14] on it chopping[15], because they're most always doing it on a raft; you'd see the axe[16] flash[17], and come down – you don't hear nothing; you see that axe go up again; and by the time it's above the man's head, then you hear the *k'chunk!* – it had took[18] all that time to come over the water. So we would put in the day[19], lazying around, listening to the stillness[20]. Once there was a thick[21] fog[22], and the rafts and things that went by was beating [23]tin pans[24] so the steamboats wouldn't run over them.

---

1. **gar, garpike** : *brochet.*

2. **rank** : *puant, pourri.*

3. **to go it** : *battre son plein, y aller à fond.*

4. **to cook** : *cuire, cuisiner.*

5. **hot breakfast** : *un petit déjeuner chaud.*

6. **lonesome** : *solitaire*; **lonesomeness** : *solitude, aspect solitaire*; **a loner** : *un solitaire*; **to be alone** : *être seul*; **the only person I know** : *la seule personne que je connaisse.*

7. **to lazy along... off to sleep** : *se laisser aller à paresser, lézarder, s'endormir tout en lézardant.*

8. **to wake up (woke, woke/waked, waked)** : *se réveiller, s'éveiller.*

9. **what done it** pour **what had done it.**

10. **to cough** : *tousser, haleter*; **stream** : *courant.*

11. **stern** : *poupe, arrière* (navire) ; **side** : *bord* ; **wheel** : *roue.*

12. **solid** : *solide, sans faille, complet*; **to work solidly for 10 hours** : *travailler sans s'arrêter pendant 10 heures.*

mais des fois c'était pas comme ça, parce qu' y'en avait qu'avaient laissé des poissons morts par terre, des brochets, et d'autres saloperies et ça puait vraiment ; et puis ensuite tu avais toute la journée à toi, et tout souriait avec le soleil, avec les oiseaux qui chantaient à tue-tête.

Comme une petite fumée ne pouvait pas se voir à cette heure du jour, on attrapait les poissons pris sur nos lignes et on se préparait un petit déjeuner chaud. Puis après on contemplait la solitude du fleuve et puis on lézardait comme ça et ensuite on s'endormait toujours en lézardant. Ensuite on se réveillait, puis on regardait pour voir ce qui nous avait réveillés, et on voyait des fois un bateau à vapeur qui remontait le fleuve en toussant si loin sur l'autre bord que tu n'aurais rien pu savoir à son sujet, pas même s'il avait ses aubes à l'arrière ou sur les cotés ; puis pendant environ une heure y avait plus rien à entendre ni rien à voir – rien qu'une grande solitude. Alors tu voyais passer un radeau qui glissait, là-bas au loin, et peut-être dessus un type qui fendait des bûches, parce qu'ils passent toujours presque tout leur temps à faire ça sur les radeaux ; tu voyais la hache jeter un éclat au soleil puis retomber – et t'enten- dais rien ; tu voyais encore la hache monter ; et quand elle était au-dessus de la tête de l'homme alors tu entendais *tchak !* – ça avait pris tout ce temps pour parvenir au-dessus de l'eau jusqu'à nous. Voilà pour notre journée, qu'on passait à lézarder en écoutant le calme qui nous entourait. Une fois il y eut une brume épaisse et les radeaux et les autres embarcations qui passaient tapaient sur leurs casseroles pour pas se faire écraser par les bateaux à vapeur.

---

13. **yonder** : *là-bas.*
14. **galoot** : *type, homme, mec.*
15. **to chop (wood)** : *fendre* (du bois) : **mutton chop** : *côte de mouton.*
16. **axe** : *hache.*
17. **to flash** : *briller, jeter un éclat.*
18. **it had took** pour **it had taken.**
19. **to put in the day** : *passer la journée.*
20. **stillness** : *calme, silence.*
21. **thick** : *épais* ; **thin** : *mince.*
22. **fog** : *brouillard.*
23. **was beating** pour **were beating.**
24. **tin** : *étain* ; **pan** : *casserole, ustensile de cuisine* (poêle...) ; **Tin Pan Alley** : quartier de New York regroupant compositeurs et éditeurs de musique populaire.

A scow or a raft went by so close[1] we could hear them talking and cussing[2] and laughing – heard them plain[3]; but we couldn't see no sign of them; it made you feel crawly[4], it was like spirits carrying on[5] that way in the air. Jim said he believed it was spirits; but I says:

"No, spirits wouldn't say, 'dern the dern fog.'"

Soon as it was night, out we shoved[6]; when we got her out to about the middle, we let her alone, and let her float wherever the current wanted her to; then we lit the pipes[7], and dangled[8] our legs in the water and talked about all kinds of things – we was always naked[9], day and night, whenever the mosquitoes[10] would let us – the new clothes Buck's folks[11] made for me was too good to be comfortable, and besides[12] I didn't go much on clothes, nohow[13].

Sometimes we'd have that whole river all to ourselves for the longest time. Yonder was the banks and the islands, across the water; and maybe a spark[14] – which was a candle[15] in a cabin window – and sometimes on the water you could see a spark or two – on a raft or a scow, you know; and maybe you could hear a fiddle[16] or a song coming over from one of them crafts. It's lovely to live on a raft.

---

1. **so close** : *si près.*

2. **cussing** pour **cursing** ; **to curse** : *jurer, lancer des jurons.*

3. **plain** : *clair* ; *simple.*

4. **crawly, creepy** : *terrifiant, qui donne des frissons* ; **it gives me the creeps** : *ça me terrifie, me donne la chair de poule.*

5. **spirit** : esprit ; **to carry on** : *agir ainsi, s'en donner à cœur joie.*

6. **to shove out** : *pousser au large.*

7. **to light (lighted/lit,lighted/lit)** : *allumer.*

8. **to dangle** : *balancer, laisser pendre* (jambes).

Une barque ou bien un radeau passèrent si près de nous qu'on les entendait parler, lancer des jurons et rigoler – on les entendait bien clairement ; mais on ne voyait rien des hommes ; ça nous flanquait la chair de poule, c'était comme des esprits qui auraient fait ça dans l'air. Jim dit qu'il croyait que c'était des esprits ; mais moi que j'lui dis :

« Non, des esprits diraient pas, "Sacré nom, c'te sacrée brume." »

Dès qu'il faisait nuit, on reprenait le large ; quand on était vers le milieu du fleuve, on laissait l'radeau dériver et suivre le courant là où il voulait nous mener ; alors on s'allumait nos pipes et, jambes pendantes dans l'eau, on parlait de toutes sortes de choses – on était toujours à poil, nuit et jour, toutes les fois que les moustiques nous fichaient la paix – les nouveaux vêtements que les parents de Buck avaient faits pour moi étaient trop bien pour que je m'y sente à l'aise et puis, de toutes manières, les vêtement ça me bottait pas vraiment.

Des fois le fleuve était rien qu'à nous la plus grande partie du temps. Là-bas au-dessus de l'eau y' avait les rives et les îles ; peut-être une lueur – c'était une chandelle derrière la fenêtre d'une cabane – et des fois sur l'eau tu voyais une lueur ou deux – tu sais, sur un radeau ou sur une barge ; et peut-être tu entendais un crincrin ou une chanson qui nous parvenait de l'une de ces embarcations. C'est formidable de vivre sur un radeau.

---

9. **naked** : *tout nu* ; **wicked** : *méchant, pervers.*
10. **mosquito** : *moustique.*
11. **folks** : *les gens, les parents.*
12. **besides, moreover** : *de plus, en outre.*
13. **to go much on/ for** : *apprécier énormément, raffoler de.*
14. **spark** : *étincelle, scintillement.*
15. **candle** : *chandelle, bougie.*
16. **fiddle/ violin** : *violon,* (*crincrin*).

We had the sky, up there, all speckled[1] with stars, and we used to lay[2] on our backs and look up at them, and discuss about whether they was made[3], or only just happened[4] – Jim he allowed they was made, but I allowed[5] they happened; I judged it would have took[6] too long to *make* so many. Jim said the moon could a *laid*[7] them; well, that looked kind[8] of reasonable, so I didn't say nothing against it, because I've seen a frog[9] lay most[10] as many, so of course it could be done. We used to watch the stars that fell, too, and see them streak down. Jim allowed they'd got spoiled[11] and was hove[12] out of the nest.

Once or twice of a night we would see a steamboat slipping along in the dark, and now and then she would belch[13] a whole world[14] of sparks up out of her chimbleys[15], and they would rain down in the river and look awful pretty; then she would turn a corner and her lights would wink out[16] and her pow-wow[17] shut off and leave the river still again; and by-and-by her waves would get to us, a long time after she was gone, and joggle the raft a bit, and after that you wouldn't hear nothing for you couldn't tell how long, except maybe frogs or something.

---

1. **to speckle** : *moucheter, tacheter*; **speckle** : *moucheture, tacheture*; **speck** : *toute petite tache, poussière, atome.*

2. **we used to lay** pour **we used to lie.**

3. **they was made** pour **they were made.**

4. **to happen** : *survenir, apparaître par accident.*

5. **to allow** : *allouer*; *permettre, autoriser*; *reconnaître, admettre*; **family allowances** : *allocations familiales.*

6. **it would have took** pour **it would have taken.**

7. **could a laid** pour **could have laid**; **to lay (laid, laid) eggs** : *pondre des oeufs.*

8. **sort of/ kind of** : *pour ainsi dire, sorte de*; **sort of good** : *assez bon, pas mauvais*; **I kind/ sort of like it** : *ça me plaît assez bien.*

9. **frog** : *grenouille*; **to have a frog in one's throat**, *avoir un chat dans la gorge.*

On avait au-dessus de nous là-haut le ciel tout tacheté d'étoiles et on restait allongés sur le dos à les contempler et à discuter pour savoir si elles avaient été fabriquées ou bien si elles avaient simplement apparu – Jim, il pensait qu'elles avaient été fabriquées, mais pour moi elles avaient simplement apparu ; j'estimais qu'elle étaient si nombreuses que ça aurait pris trop longtemps de les fabriquer. Jim, lui, i' disait que la lune pouvait bel et bien les avoir pondues ; ma foi, ça semblait assez raisonnable, j'lai donc pas contredit parce que j'avais vu une grenouille pondre presque autant d'œufs, ainsi donc ça pouvait bien se faire. On observait aussi les étoiles qui tombaient et on les voyait filer vers le bas. Pour Jim elles étaient abîmées et on les avait jetées hors du nid.

Une ou deux fois la nuit on voyait un bateau à vapeur qui glissait dans l'obscurité et qui de temps à autre crachait par ses ch'minées une nuée complète d'étincelles qui redescendaient en pluie dans le fleuve et faisaient un sacré beau spectacle ; puis le bateau tournait à un coude du fleuve où ses feux de position disparaissaient en clignotant et son tchou-tchou s'éteignait pour laisser le fleuve à nouveau à son calme ; bientôt les vagues que le bateau laissait dans son sillage nous arrivaient, longtemps après son passage, et secouaient un peu notre radeau et après ça t'entendais plus rien pendant j'ne sais combien de temps sauf peut-être les grenouilles ou autre chose.

---

10. **lay most as many** pour **lay almost as many.**

11. **to spoil (spoiled/spoilt, spoiled/spoilt)** : *abîmer, gâcher* ; *gâter* ; **a spoiled child** : *un enfant gâté.*

12. **hove** : prétérit et participe passé de **to heave,** *jeter,* **to heave a sigh,** *pousser un soupir* ; *soulever.*

13. **to belch** : *vomir, avoir des renvois* ; *cracher.*

14. **whole world** : *monde complet/ entier.*

15. **chimbley** pour **chimney** : *cheminée.*

16. **to wink out** : *s'éteindre en clignant.*

17. **pow-wow** : cérémonie amérindienne de danses et chants avant d'entrer en guerre, onomatopée reproduisant ces chants, d'où, ici : *tchou-tchou* (ahannement) ; *réunion, discussion, pourparlers.*

After midnight, the people on shore went to bed, and then for two or three hours the shores was black[1] – no more sparks in the cabin windows. These sparks was our clock[2] – the first one that showed again meant morning was coming, so we hunted[3] a place to hide and tie up[4], right away[5].

One morning about day-break[6], I found a canoe[7] and crossed over a chute[8] to the main shore – it was only two hundred yards – and paddled[9] about a mile up a crick[10] amongst the cypress[11] woods, to see if I couldn't get some berries[12]. Just as I was passing a place where a kind of cow-path[13] crossed the crick, here comes a couple of men tearing[14] up the path as tight[15] as they could foot it[16]. I thought I was a goner[17], for whenever anybody was after anybody I judged it was *me* – or maybe Jim. I was about to dig ou[18] from there in a hurry, but they was[19] pretty close to me then, and sung[20] out and begged[21] me to save their lives[22] – said they hadn't been doing nothing, and was being chased[23] for it – said there was men and dogs a-coming. They wanted to jump right in[24], but I says[25] –

"Don't you do it. I don't hear the dogs and horses yet; you've got time to crowd[26] through the brush and get up the crick a little ways[27]; then you take to the water and wade[28] down to me and get in – that'll throw the dogs off the scent[29]."

---

1. **the shores was black** pour **the shores were black** : *les rives étaient noires.*

2. **these sparks was our clock** pour **these sparks were our clock** : *ces lueurs/étincelles étaient notre horloge.*

3. **to hunt** : *chasser* ; *rechercher.*

4. **to tie up** : *nouer* ; *s'amarrer.*

5. **rightaway, straightaway** : *immédiatement, aussitôt, sans tarder.*

6. **about daybreak** : *vers le point du jour.*

7. **canoe** : *pirogue, barque.*

8. **chute** : *rapide, chute.*

9. **to paddle** : *pagayer* ; **a paddle** : *pagaie.*

10. **crick** pour **creek** : *bras de rivière, rivière.*

11. **cypress** : *cyprès,* se dit aussi **cypress-tree.**

12. **berry** : *baie* ; **blackberry,** *mûre.*

13. **cowpath** : *sentier à vaches* ; **footpath** : *sentier pour piétons* ; **path** : *sentier, allée.*

14. **to tear (tore, torn)** : *filer, aller à toute allure.*

Passé minuit les gens sur les rives allaient se coucher, puis pendant deux ou trois heures les rives restaient dans le noir – y avait plus de lueurs aux fenêtres des cabanes. Ces lueurs nous servaient d'horloge – la première qui se montrait à nouveau voulait dire que le matin arrivait, aussi tout de suite on cherchait un endroit où se cacher et s'amarrer.

Un matin vers le lever du jour, je trouvai un canot et traversai un rapide pour arriver à la rive principale – elle était à deux cents yards – et pagayai environ un mille pour remonter un bras du fleuve au milieu d'un bois de cyprès pour voir si je trouvais des baies. Juste comme je passais devant un endroit où une sorte de sentier à vaches traversait le bras, voici qu'arrivent à tout berzingue deux types aussi vite que leur jambes pouvaient courir. J'pensais qu'j'étais perdu car chaque fois que quelqu'un court après quelqu'un, je pense que c'est après moi – ou que c'est après Jim. J'me préparais à m'barrer de là à toute allure, mais ils étaient arrivés tout près de moi et se mirent à m'appeler en m'implorant de sauver leur vie – ils ajoutaient qu'ils avaient rien fait et que c'était pour ça qu'on leur courait après – aussi qu'y avait des hommes et des chiens qui arrivaient. Ils voulaient sauter à bord tout d'suite, mais j' leur lançai :

« Ne faites surtout pas ça. J'entends pas encore les chiens ni les hommes. Vous avez le temps de filer dans les broussailles et de remonter un peu le bras du fleuve. Là ensuite passez dans l'eau et descendez à gué jusqu'à moi et montez à bord – ça fera perdre aux chiens vos traces. »

---

15. **to foot** : *courir* ; *parcourir à pied.*
16. **tight** : *serré* ; ici : *rapide* ; *ivre, rond* (fam.).
17. **goner** : *personne perdue / sans espoir de rachat.*
18. **to dig (dug, dug)** : *creuser* ; ici, **to dig out** : *se barrer, s'enfuir.*
19. **they was** pour **they were.**
20. **sung** pour **sang (to sing, sang, sung).**
21. **to beg** : *implorer* ; *mendier.*
22. **to save** : *sauver* ; **SOS/Save Our Lives.**
23. **to chase** : *chasser, pourchasser.*
24. **to jump** : *sauter* ; **right in** : *directement.*
25. **I says** pour **I say.**
26. **to crowd** : *(se) presser.*
27. **a little ways** pour **a little way.**
28. **to wade** : *patauger, marcher* (gué, cours d'eau) ; **ford** : *gué.*
29. **scent** : *odeur, parfum* ; m. à m. : *détourner les chiens de l'odeur.*

They done it[1], and soon as they was[2] aboard I lit out[3] for our tow-head, and in about five or ten minutes we heard the dogs and the men away off[4], shouting. We heard them come along towards the crick, but couldn't see them; they seemed to stop and fool around[5] a while[6]; then, as we got further and further away all the time[7], we couldn't hardly hear them at all[8]; by the time[9] we had left a mile of woods behind us and struck the rive[10], everything was quiet, and we paddled over[11] to the tow-head and hid in the cotton-woods and was[12] safe.

One of these fellows was about seventy, or upwards[13], and had a bald head[14] and very gray whisker[15]. He had an old battered-up slouch hat on[16], and a greasy blue woollen shirt, and ragged old blue jeans britches[17] stuffed into his boot tops, and home-knit galluses[18] – no, he only had one. He had an old long-tailed[19] blue jeans coat with slick brass buttons, flung over his arm, and both of them had big fat ratty-looking carpet-bags.

The other fellow was about thirty and dressed about as ornery[20]. After breakfast we all laid off[21] and talked, and the first thing that come out[22] was that these chaps didn't know one another.

"What got you into trouble?" says the baldhead to t'other chap[23].

---

1. **They done it** pour **They did it** : *Ils le firent....*

2. **soon as they was aboard** pour **soon as they were...** : *dès qu'ils furent à bord.*

3. **I lit out for our tow-head...** : *je filai* (**to light out, lit (lighted), lit (lighted)** (*à la vitesse de la lumière*) ; **tow-head** : *point d'amarrage.*

4. **the men away off** : *les hommes au loin.*

5. **to fool around** : *muser, baguenauder, traîner dans le coin.*

6. **a while** : *un certain temps, un peu.*

7. **we got further and further away all the time** pour **we got farther and farther away all the time** : *on s'éloignait toujours.*

8. **we couldn't hardly hear them at all** pour **we could hardly hear them at all** : *on les entendait à peine.*

9. **by the time** : *quand, lorsque.*

10. **we...struck the river** : *on retrouva le fleuve* (**to strike, struck, struck** : *tomber sur, rencontrer*).

11. **we paddled over** : *nous traversâmes en pagayant, nous arrivâmes en pagayant.*

12. **was safe** pour **were safe** : *pour être en sécurité.*

13. **or upwards** : *ou au-dessus, ou plus.*

C'est bien c'qu'ils firent et dès qu'ils furent à bord je filai vers notre point d'amarrage et cinq ou dix minutes plus tard on entendit les chiens et les hommes au loin qui criaient. On les entendait qui descendaient le bras du fleuve mais sans les voir ; ils semblaient s'être arrêtés pour traîner un peu dans le coin ; puis tandis qu'on s'éloignait toujours, on les entendait à peine ; quand on eut laissé un mille derrière nous et qu'on retrouva le fleuve, tout redevint silencieux et nous arrivâmes en pagayant à notre point d'amarrage pour nous cacher dans les buissons de cotonniers, en sécurité.

Un des gaillards avait environ soixante-dix ans ou plus, était tout chauve avec des favoris tout gris. Sur la tête il avait un vieux feutre à larges bords tout cabossé ; il portait une chemise en laine bleue pleine de graisse, des vieux pantalons en toile de coton bleu tout déchirés fourrés dans le haut de ses bottes et des bretelles tricotées à la main... en fait il n'avait qu'une bretelle. Il avait une vieille redingote en toile de coton bleue avec des longs pans et des boutons en laiton chics jetée sur le bras, et tous deux transportaient des sacs de colporteur d'un aspect minable.

L'autre type avait environ trente ans et étais attifé presque aussi dégueulasse. Après le petit déjeuner on a tous soufflé et on a discuté et la première chose qui s'est révélée c'était que ces mecs ne se connaissaient pas.

« Qu'est-ce qui t'a fait avoir des ennuis ? » demanda le chauve à l'autre type.

---

14. **a bald head** : *une tête chauve* ; **baldness**, *calvitie.*

15. **whisker** : en général, **whiskers**, *favoris,* (animal) *moustaches.*

16. **he had an old battered-up slouch hat on** : *il portait un vieux feutre à larges bords tout cabossé* (**slouch hat** : *chapeau à larges bords* ; **battered-up** : *bosselé, cabossé*).

17. **ragged old blue jeans britches** : **very gray whiskers** : *des favoris des vieux pantalons en toile de coton bleu tout déchirés* (**ragged** : *tout déchiré* ; **britches** pour **breeches** : *braies, pantalons*).

18. **home-knit galluses** : *des bretelles tricotées à la main* (**home-knit** : *tricotées à la main* ; **galluses** pour **gallows** : *potence,* d'où *bretelles*).

19. **long-tailed** : *à longs pans,* de **tail**, *queue, basque de vêtements.*

20. **ornery** pour **ordinary** : *misérable.*

21. **we all laid off** : *on a tous soufflé* ; **to lay off**, 1) *arrêter de travailler* 2) *mettre au chômage.*

22. **that come out** pour **that came out** : *qu'on a découvert.*

23. **to t'other chap** pour **to the other guy** : *à l'autre type.*

"Well, I'd been selling[1] an article to take the tartar off the teeth – and it does take it off, too, and generly[2] the enamel along with it – but I staid[3] about one night longer than I ought to[4], and was just in the act of sliding out[5] when I ran across you on the trail[6] this side of town, and you told me they were coming, and begged me to help you to get off[7]. So I told you I was expecting trouble myself and would scatter out[8] *with* you. That's the whole yarn[9] – what's yourn[10]?"

"Well, I'd ben a-runnin[11]' a little temperance revival thar[12]. 'bout a week[13], and was the pet of the women-folks, big and little, for I was makin' it mighty warm for the rummies[14], I *tell* you, and takin[15]' as much as five or six dollars a night – ten cents a head, children and niggers[16] free – and business a growin'[17] all the time; when somehow or another a little report got around, last night, that I had a way of puttin' in my time[18] with a private jug[19], on the sly[20]. A nigger rousted me out[21] this mornin,' and told me the people was getherin'[22] on the quiet[23], with their dogs and horses, and they'd be along pretty soon and give me 'bout half an hour's start[24], and then run me down[25], if they could; and if they got me they'd tar and feather me[26], and ride me on a rail[27], sure.

---

1. **I'd been selling = I had been selling.**
2. **generly** pour **generally** : *en général, généralement.*
3. **I staid** pour **I stayed** : *j'suis resté.*
4. **about one night longer than I ought to** : *environ une nuit de plus que je n'aurais dû, environ une nuit de trop.*
5. **sliding out** : *filer, s'échapper, se tailler.*
6. **on the trail** : *sur la piste, sur le chemin, en chemin.*
7. **to get off** : *filer, mettre les bouts.*
8. **scatter out** pour **scutter out** : *filer, prendre la tangente, se barrer.*
9. **yarn** : *fil,* d'où : *histoire.*
10. **yourn** pour **yours.**
11. **I'd ben a-runnin'** pour **I had been running** : *j'organisais, je tenais.*
12. **thar** pour **there** : *là, dans ce coin.*
13. **'bout a week** pour **about a week** : *ça faisait environ/presque une semaine.*
14. **the rummies** : *ceux qui boivent du rhum, les ivrognes, les alcoolos, les poivrots.*
15. **takin'** pour **taking.**
16. **niggers** : *nègre, négro* (terme méprisant pour parler d'un Noir).

« Eh bien, je vendais un article qui enlève le tartre des dents – ça marche bien et en général ça enlève même tout l'émail avec – mais j'suis resté environ une nuit de trop, c'que je n'aurais pas dû faire et étais juste en train d'me tailler quand j'me suis tapé dans toi sur le chemin de ce coté de la ville et qu'tu m'as dit qu'ils arrivaient et qu'tu m'as prié d't'aider à mettre les bouts. C'est alors que j'tai dit qu'moi aussi j'm'attendais à avoir des ennuis et que j'me barrerais avec toi. Voilà toute mon histoire – maintenant quelle est la tienne. »

« Eh bien, ça faisait presque une semaine que j'tenais une petite série de réunions pour ramener la tempérance dans ce coin où j'étais devenu la coqueluche des dames, jeunes et plus vieilles, car je rendais la vie assez difficile aux ivrognes, tu peux bien l'croire, ; j'me faisais cinq ou six dollars par soirée – à dix cents par personne, entrée gratuite pour les gosses et les négros – et l'affaire tournait de mieux en mieux ; alors d'une manière ou d'une autre, la rumeur se répandit hier soir que j'avais l'habitude de m'donner du bon temps avec une bonne cruche de whisky rien que pour moi, en douce. C'est un nègre qui m'a réveillé c'matin et m'a averti que les gens se rassemblaient discrètement avec leurs chiens et des chevaux et qu'ils seraient bientôt là et que cela me donnait une demi-heure d'avance environ sur eux avant qu'ils me donnent la chasse pour m'attraper s'ils pouvaient ; et aussi que s'ils m'attrapaient, ils me rouleraient dans du goudron et des plumes et pour sûr me traîneraient sur un travois.

---

17. **business a growin'** pour **business was growing** : *l'affaire tournait / marchait de mieux en mieux.*

18. **I had a way of puttin' in my time** : *j'avais une façon de m'donner du bon temps.*

19. **a private jug** : *une cruche (de whisky) rien que pour moi.*

20. **on the sly** : *en douce* ; **sly** : *rusé, sournois.*

21. **rousted me out (from bed)** : *me fit sortir du lit.*

22. **was getherin'** pour **were gathering** : *se rassemblaient.*

23. **on the quiet** : *discrètement* ; **quiet**, *calme, tranquille.*

24. **they'd... give me 'bout half an hour's start** : *cela me donnait une demi-heure d'avance environ sur eux.*

25. **run me down** : *me poursuivraient, me donneraient la chasse.*

26. **they'd tar me and feather me** : *ils me rouleraient dans du goudron et des plumes* (traitement infligé aux Noirs dans l'Amérique raciste de jadis).

27. **and ride me on a rail** : *et me traîneraient sur une barre/une charrette/ un travois.*

**I didn't wait for no breakfast[1] – I warn't hungry."**

**"Old man," says the young one, "I reckon we might double-team it together[2]; what do you think?"**

**"I ain't undisposed[3]. What's your line[4] – mainly?"**

**"Jour[5] printer, by trade[6]; do a little in patent[7] medicines; theatre-actor – tragedy, you know; take a turn at mesmerism and phrenology when there's a chance; teach singing geography school for a change; sling[8] a lecture, sometimes – oh, I do lots of things – most[9] anything that comes handy[10], so it ain't work. What's your lay[11]?"**

**"I've done considerble[12] in the doctoring way in my time. Layin' on o' hands[13] is my best holt[14] – for cancer, and paralysis, and sich[15] things; and I k'n[16] tell a fortune pretty good, when I've got somebody along to find out the facts for me. Preachin's [17]my line, too; and workin' camp-meetin's[18]; and missionaryin'[19] around."**

**Nobody never said anything[20] for a while; then the young man hove a sigh[21] and says –**

**"Alas!"**

**"What 're you alassin'[22] about?" says the baldhead.**

**"To think I should have lived to be leading such a life, and be degraded down into such company."**

---

1. **I didn't wait for no breakfast** pour **I didn't wait for any breakfast.**

2. **we might double-team it together** : *on pourrait faire équipe ensemble* (**to team up** : *mettre en équipe, faire équipe*).

3. **I ain't undisposed** pour **I am not disposed against it** : *ça me botte.*

4. **What's your line (of business)** : *qu'est-ce que vous faites dans la vie, quelle est votre spécialité.*

5. **Jour** pour **journey** : *occasionnel.*

6. **by trade** : *de métier* ; **trade** : 1) *métier* 2) *commerce.*

7. **patent** : *brevet* ; *breveté.*

8. **to sling (slung, slung)** : *jeter, lancer, balancer.*

9. **most** pour **almost** : *presque.*

10. **handy** : *pratique, commode.*

11. **What's your lay** pour **What's your line** (voir ci-dessus).

12. **considerble** pour **considerable.**

J'ai donc pas attendu pour mon petit déjeuner... j'avais pas faim. »

« Vieux », reprit le plus jeune, « je pense qu'on pourrait faire équipe ensemble ; qu'est-ce que t'en penses ? »

« Ça m' botte. Et toi, dans quoi tu donnes... principalement ? »

« De métier, j'suis imprimeur à l'occasion ; j'donne un peu dans les remèdes brevetés ; j'suis acteur de théâtre – la tragédie, si tu vois ; quand l'occasion se présente j'touche à l'hypnotisme et à la phrénologie ; pour changer j'donne des leçons de chant et de géographie ; j'balance aussi parfois des conférences – oh, j'fais pas mal de choses – en général, tout ce qui est commode à faire et se présente, si bien qu'c'est pas du travail. Et toi dans quoi tu fais ? »

« J'ai pas mal donné, pour ma part, dans la pratique de la médecine. L'imposition des mains est mon meilleur truc... pour l'cancer et la paralysie et des autres maux du même genre ; aussi j'peux dire la fortune pas mal, si j'ai quelqu'un avec moi pour m'aider à trouver les faits réels. Les prêches sont aussi ma spécialité ; les rassemblements mal famés, et en général les tournées de missions religieuses. »

Pendant un bout de temps personne ne prononça une parole ; puis celui qu'était jeune poussa un long soupir et fit :

« Hélas ! »

« Pourquoi donc tu soupires comme ça ? » demanda le chauve.

« Quand j'pense comment j'aurais dû vivre pour mener une telle vie et être amené si bas dans une telle compagnie. »

---

13. **Layin' on o' hands** pour **Laying on of hands** : *imposition des mains.*

14. **holt** : *spécialité, truc.*

15. **sich** pour **such**.

16. **k'n** pour **can**.

17. **Preachin's** pour **Preaching is** : *la prédication est, les prêches sont.*

18. **camp-meetin's** pour **camp meetings** : *rassemblements de mauvais aloi / illicites/ mal famés.*

19. **missionaryin'** pour **conducting religious missions, going on religious missions** : *faire des tournées de missions* (*religieuses*).

20. **nobody never said anything** pour **nobody ever said anything** : *personne ne dit rien.*

21. **hove a sigh** : *poussa un soupir* (**to heave, hove, hove** : *lever, soulever* ; **to heave a sigh** : *pousser un soupir*).

22. **alassin'** pour **alassing** : *proférer des « hélas ! »*, d'où : *soupirer.*

And he begun[1] to wipe the corner of his eye with a rag.

"Dern your skin[2], ain't[3] the company good enough for you?" says the baldhead, pretty pert[4] and uppish[5].

"Yes, it *is* good enough for me; it's as good as I deserve[6]; for who fetched[7] me so low, when I was so high? *I* did myself. I don't blame *you,* gentlemen – far from it; I don't blame anybody. I deserve it all. Let the cold world do its worst; one thing I know – there's a grave[8] somewhere for me. The world may go on just as it's[9] always done, and take everything from me – loved ones[10], property, everything – but it can't take that. Some day I'll lie down in it and forget it all, and my poor broken heart will be at rest.[11]" He went on a-wiping[12].

"Drot[13] your pore[14] broken heart," says the baldhead: "what are you heaving your pore broken heart at *us* f'r[15]? *We* hain't done nothing.[16]"

"No, I know you haven't. I ain't blaming you, gentlemen. I brought myself down[17] – yes, I did it myself. It's right I should suffer – perfectly right – I don't make any moan[18]."

"Brought you down from whar[19]? Whar was you brought down from[20]?"

---

1. **he begun** pour **he began (to begin, began, begun)** : *il commença.*

2. **Dern your skin** pour **Damn your skin** : *sois damné, vas te faire pendre.*

3. **ain't** pour **is not.**

4. **pert** : *effronté* ; *mutin, coquin.*

5. **uppish** : *arrogant, suffisant, snob.*

6. **to deserve** : *mériter, être digne de.*

7. **to fetch** : *aller chercher,* d'où : *faire tomber.*

8. **grave** : *tombe, tombeau* (**graveyard** : *cimetière*).

9. **it's** pour **it has.**

10. **loved ones** : *êtres chers* ; **my loved ones,** *ceux qui me sont chers.*

11. **at rest** : *au repos, en paix.*

12. **a-wiping** pour **wiping his eye** : *s'essuyer l'œil.*

Il se mit alors à s'essuyer le coin de l'œil avec un chiffon.

« Va te faire pendre si not' compagnie est pas assez bonne pour toi ? » lança le chauve sur un ton assez effronté et arrogant.

« Mais si, elle est bel et bien assez bonne pour moi ; elle est bien assez bonne pour que j' puisse la mériter ; car qui m'a fait tomber aussi bas alors que j'étais si haut ? c'est personne d'autre que moi. Je n'vous en rends pas responsables, messieurs – loin de moi cette pensée ; j'n'en rends personne responsable. J'le mérite entièrement. Que le monde dur et froid agisse pour le pire ; une chose est certaine pour moi – une tombe m'attend quelque part. Le monde peut bien poursuivre sa course comme il l'a toujours fait et m'arracher tout – mes êtres chers, mes biens, tout c'que j'possède... mais il pourra pas me prendre ça. Un jour j'm'allongerai dans ma tombe et oublierai tout et mon pauvre cœur brisé sera en repos. » Il continua de s'essuyer l'œil.

« Laisse tomber ton pôvre cœur brisé », rétorqua le chauve : « pourquoi donc tu nous brandis ton pôvre cœur brisé ? Nous, on t'a rien fait. »

« Non, je sais que vous m'avez rien fait, messieurs, et je n'vous rends pas responsables. C'est bien moi qui m'suis fait tomber aussi bas, rien que moi. C'est juste que je souffre – tout à fait juste – je ne me plains pas. »

« Fait tomber aussi bas depuis où ? Depuis où es-tu tombé aussi bas ? »

---

13. **Drot** pour **Drop it** : *laisse tomber.*

14. **pore** pour **poor.**

15. **what are you heaving your pore broken heart at us f'r ?** pour **what are you heaving your poor broken heart at us for ?** : *pourquoi donc tu nous brandis ton pauvre coeur brisé ?*

16. ***We* hain't done nothing** pour ***We* have not done anything** : *Nous, on t'a rien fait* (italiques = forme d'insistance).

17. **I brought myself down** : *je me suis rabaissé moi-même, c'est moi qui me suis fait tomber aussi bas* (**to bring, brought, brought**).

18. **moan** : *gémissement, plainte.*

19. **whar** pour **where.**

20. **Whar was you brought down from ?** pour **Where were you brought down from ?** : *depuis où es-tu tombé aussi bas ?*

"Ah, you would not believe me; the world never believes – let it pass[1] – 'tis no matter[2]. The secret of my birth – "

"The secret of your birth? Do you mean to say – "

"Gentlemen," says the young man, very solemn, "I will reveal it to you, for I feel I may have confidence[3] in you. By rights[4] I am a duke!"

Jim's eyes bugged out[5] when he heard that; and I reckon[6] mine did, too. Then the baldhead says: "No! you can't mean it[7]?"

"Yes. My great-grandfather eldest son of the Duke of Bridgewater, fled to[8] this country about the end of the last century, to breathe the pure air of freedom; married here, and died, leaving a son, his own father dying about the same time. The second son of the late duke[9] seized[10] the title and estates[11] – the infant[12] real duke was ignored[13]. I am the lineal descendant[14] of that infant – I am the rightful[15] Duke of Bridgewater; and here am I, forlorn[16], torn from[17] my high estate, hunted[18] of men, despised[19] by the cold world, ragged[20], worn[21], heart-broken, and degraded[22] to the companionship of felons on a raft!"

Jim pitied him ever so much, and so did I.

---

1. **to let it pass** : *se taire, laisser dire, oublier.*

2. **'tis no matter** pour **it is no matter/ it does not matter** : *c'est sans importance, cela n'a pas d'importance.*

3. **to have confidence in** : *avoir confiance en, faire confiance à.*

4. **by rights** : *de droit, de plein droit.*

5. **to bug out** : *ficher le camp* ; **(of eyes)** *être exorbité, sortir de la tête.*

6. **to reckon** : *croire* ; *compter, calculer.*

7. **to mean it** : *vouloir vraiment dire.*

8. **fled to (to flee, fled, fled)** : *a fui vers, se réfugia dans.*

9. **the late duke** : *feu le duc* ; cf. **our late colleague,** *notre regretté(e)/ défunt(e) collègue.*

10. **to seize** : *saisir, s'emparer de.*

11. **estates** : *biens, domaines.*

« Ah, vous ne voudrez pas me croire ; le monde ne me croit jamais – oublions tout ça – ça n'a aucune importance. Le secret de ma naissance... »

« Le secret de ta naissance ? Tu veux donc dire... »

« Messieurs », poursuivit l'homme jeune, sur un ton très solennel, « je vais tout vous révéler, car je crois que je peux avoir confiance en vous. De plein droit je suis duc ! »

En entendant ça, les yeux de Jim lui sortirent des orbites ; et j'crois bien que les miens aussi. Le chauve lança alors : « Non ! Cest pas vrai ? »

« Mais si. Mon arrière-grand-père, fils aîné du duc de Chasseleau, se réfugia dans notre pays vers la fin du siècle dernier pour y respirer l'air pur de la liberté ; il prit femme et mourut, laissant un fils, son propre père mourant à la même époque. Le fils cadet de feu le duc s'empara du titre et des biens – l'enfant, le vrai duc, demeura ignoré. Je descends en droite ligne de cet enfant – je suis de plein droit le duc de Chasseleau ; me voici donc, abandonné, arraché à mon état élevé, pourchassé par les hommes, méprisé dans ce monde froid, en haillons, épuisé, le cœur brisé et abaissé à partager la compagnie de félons sur un radeau ! »

Il suscita une très grande compassion de la part de Jim, tout comme de moi-même.

---

12. **infant** : *enfant en bas âge.*
13. **to ignore** : *ignorer délibérément.*
14. **lineal descendant** : m. à m. : *descendant en ligne directe.*
15. **rightful** : *légitime, de plein droit.*
16. **forlorn** : *abandonné, triste et délaissé.*
17. **torn from** (**to tear, tore, torn** : *déchirer, arracher*) : *arraché à.*
18. **hunted** : *chassé, pourchassé.*
19. **despised** : *méprisé* ; **to despise**, *mépriser.*
20. **ragged** : *en haillons, en lambeaux.*
21. **worn** (**to wear, wore, worn** : *porter*) : *usé, épuisé.*
22. **degraded** : *dégradé, avili, abaissé, rabaissé.*

We tried to comfort[1] him, but he said it warn't much use[2], he couldn't be much comforted; said if we was a mind[3] to acknowledge[4] him, that would do him more good than most anything else; so we said we would, if he would tell us how. He said we ought to bow[5], when we spoke to him, and say "Your Grace," or "My Lord," or "Your Lordship" – and he wouldn't mind[6] if we called him plain[7] "Bridgewater," which he said was a title, anyway, and not a name; and one of us ought to wait on him[8] at dinner, and do any little thing for him he wanted done.

Well, that was all easy, so we done it[9]. All through dinner Jim stood around and waited on him, and says, "Will yo' Grace have some o' dis, or some o' dat[10]?" and so on, and a body[11] could see it was mighty[12] pleasing to him.

But the old man got pretty[13] silent, by-and-by[14] – didn't have much to say, and didn't look pretty comfortable over all that petting[15] that was going on around that duke. He seemed to have something on his mind[16]. So, along in the afternoon, he says:

"Looky here[17], Bilgewater[18]," he says, "I'm nation sorry[19] for you, but you ain't the only person that's had troubles like that."

---

1. **to comfort** : *consoler, réconforter.*

2. **it warn't much use** pour **it wasn't much use** : *ça servait pas à grand chose.*

3. **if we was a mind** pour **if we were of mind** : *si nous voulions bien.*

4. **to acknowledge** : *reconnaître admettre.*

5. **to bow** : *se courber, faire la révérence, faire des courbettes.*

6. **he wouldn't mind if..** ; : *ça ne lui ferait rien si..., ça ne le dérangerait pas si...*

7. **plain** : *simple, pur et simple.*

8. **to wait on him** (**at table**) : *le servir* (*à table*).

9. **we done it** pour **we did it.**

10. **Will yo' Grace have some o' dis, or some o' dat ?** pour **Will your Grace have some of this, or some of that ?** : *Votre Grâce veut-elle un peu de ceci, ou un peu de cela ?*

On essaya d'le consoler, mais il nous dit qu'ça servait pas à grand-chose, il pouvait pas vraiment être consolé ; il a ajouté qu'si on voulait bien le reconnaître, que ça lui ferait plus de bien que n'importe quoi d'autre ; on lui a alors dit qu'on le ferait s'il nous disait comment s'y prendre. Il nous répondit qu'on devrait se courber quand on lui parlerait et dire « Votre Grâce » ou « Monseigneur » ou « Votre Seigneurie » – mais qu'ça lui ferait rien si on l'appelait tout simplement « Chasseleau », ce qui, nous dit-il, était de toute manière un titre et pas un nom ; et que l'un de nous devrait le servir au dîner et faire pour lui tout ce qu'il voudrait.

Ma foi, c'était des plus faciles, si bien qu'on l'a fait. Pendant tout le dîner Jim se tint debout et le servit, en disant : « Si vot' Grâce dési'e un peu de ceci, ou un peu de ça ? » et ainsi de suite, et tout l'monde voyait que ça lui plaisait beaucoup.

C'pendant que le vieux restait vachement silencieux, bientôt – n'avait plus rien à dire et montrait qu'il en avait assez marre de toutes ces cajoleries qui se déversaient sur le duc. On aurait dit que quelque chose le tracassait. Aussi, plus tard dans l'après-midi, il lança :

« Écoute-moi un peu, Chassedeau », fit-il, « tu m'fais beaucoup de peine, mais t'es pas le seul à avoir eu de tels ennuis. »

---

11. **a body** pour **anybody** : *tout le monde, n'importe qui.*
12. **mighty** pour **mightily** : *très, beaucoup.*
13. **pretty** : *pas mal, plutôt, très.*
14. **by-and-by** : *bientôt, dans un instant.*
15. **petting** : *cajoleries, caresses.*
16. **to have something on his mind** : *se tracasser, être tracassé.*
17. **Looky here** pour **Look you here** : *écoute, écoute un peu.*
18. **bilgewater** : (mot à mot) *eau de cale, saumure* (au fond d'une cale de bateau).
19. **I'm nation sorry** : *je suis très peiné, très désolé.*

"No?"

"No, you ain't. You ain't the only person that's ben[1] snaked down[2] wrongfully[3] out'n[4] a high place."

"Alas!"

"No, you ain't the only person that's had a secret of his birth." And by jings[5], *he* begins to cry.

"Hold[6]! What do you mean?"

"Bilgewater, kin[7] I trust you?" says the old man, still sort of sobbing.

"To the bitter death[8]!" He took the old man by the hand, and squeezed[9] it, and says, "The secret of your being: speak!"

"Bilgewater, I am the late Dauphin[10]!"

You bet[11] you Jim and me stared[12], this time. Then the duke says:

"You are what?"

"Yes, my friend, it is too true – your eyes is lookin'[13] at this very moment on the pore[14] disappeared Dauphin, Looy the Seventeen, son of Looy the Sixteen and Marry Antoinette."

"You! At your age! No! You mean you're the late Charlemagne; you must be six or seven hundred years old, at the very least.[15]

---

1. **that's ben** pour **that has been** : *qui a été, à avoir été.*

2. **snaked down** : *déboulonné par la ruse* (**to snake** : *embobiner, entourlouper*).

3. **wrongfully** : *illégalement, malhonnêtement, à tort.*

4. **out'n** pour **out of.**

5. **by jings** : *pardieu* ; cf **by jingo**, expression exprimant la surprise.

6. **hold !** : *attends !* cf. au téléphone, **hold on**, *ne quittez pas.*

7. **kin** pour **can.**

« C'est vrai ? »

« Ouais, c'est vrai. T'es pas le seul à avoir été déboulonné d'une position élevée par la ruse et la malhonnêteté. »

« Hélas ! »

« Non, t'es pas le seul à avoir un secret de naissance. » Et pardieu le v'la qu'i' s'met à pleurer.

« Attends ! qu'est-ce que tu veux dire ? »

« Chassedeau, j'peux t'faire confiance ? » poursuit le vieux toujours comme en sanglots.

« Jusqu'à ma mort ! » Il prend la main du vieux et la serre fort en disant, « Le secret de ta naissance ; parle ! »

« Chassedeau, je suis feu le dauphin ! »

Tu peux parier que Jim et moi, cette fois, on le fixait. Alors le duc reprit :

« Tu es quoi exactement ? »

« Oui, mon ami, c'est la vérité vraie... tu portes les yeux en cet instant même sur le pôvre dauphin disparu, Louis XVII, le fils de Louis XVI et de Marie-Antoinette. »

« Toi ! À ton âge ! Non ! Tu veux dire que tu es feu Charlemagne ; tu dois avoir, au moins et au bas mot, six ou sept cents ans. »

---

8. **to the bitter death** : *jusqu'à la mort* (*amère*).
9. **to squeeze** : *serrer fort, presser.*
10. **the late Dauphin** : *feu le Dauphin* ; *un dauphin* (animal) : **a dolphin**.
11. **you bet** : *tu parles, tu paries.*
12. **to stare** : *fixer, regarder fixement.*
13. **your eyes is lookin'** pour **your eyes are looking.**
14. **pore** pour **poor.**
15. **at the very least** : *au moins, pour le moins.*

"Trouble has done it, Bilgewater, trouble has done it: trouble has brung[1] these gray hairs and this premature balditud[2]. Yes, gentlemen, you see before you, in blue jeans and misery, the wanderin'[3], exiled, trampled-on[4], and sufferin'[5] rightful[6] King of France."

Well, he cried and took on so[7], that me and Jim didn't know hardly[8] what to do, we was[9] so sorry – and so glad and proud we'd got him with us, too. So we set in[10], like we done[11] before with the duke, and tried to comfort *him*. But he said it warn't no use[12], nothing but to be dead and done with it all[13] could do him any good; though he said it often made him feel easier and better for a while[14] if people treated him according to his rights, and got down on one knee to speak to him, and always called him "Your Majesty," and waited on him first at meals, and didn't set down[15] in his presence till he asked them. So Jim and me set to majestying him[16], and doing this and that and t'other[17] for him, and standing up till he told us we might set down[18]. This done him[19] heaps of good[20], and so he got cheerful[21] and comfortable. But the Duke kind of[22] soured on him[23], and didn't look a bit satisfied with the way things was going[24];

---

1. **has brung** pour **has brought.**
2. **balditude** pour **baldness** : *calvitie.*
3. **wanderin'** pour **wandering** : *errant, forcé à l'errance.*
4. **trampled-on** : *piétiné, foulé aux pieds.*
5. **sufferin'** pour **suffering.**
6. **rightful** : *légitime.*
7. **took on so** : *s'y mit tellement, s'y employa tellement.*
8. **didn't know hardly** pour **hardly knew** : *on savait à peine.*
9. **we was** pour **we were.**
10. **we set in** : *on s'y est mis* ; ***to set in,*** *survenir, surgir, se déclarer.*
11. **like we done** pour **as we had done.**
12. **it warn't no use** pour **it wasn't any use** : *ça ne servait à rien.*
13. **to be...done with it all** : *en avoir fini avec tout ça.*

« Les soucis sont responsables de ça, Chassedeau, les soucis sont responsables de ça ; les soucis m'on fait venir des cheveux gris et m'ont déplumé le crâne. Et oui, messieurs, vous avez devant vous, vêtu de toile de coton bleu et drapé dans sa détresse, avec toute sa légitimité, le roi de France, forcé à l'errance et à l'exil, piétiné et en proie aux souffrances. »

Ma foi, il pleura et s'y employa tellement que moi et Jim on savait à peine quoi faire, on avait tant de peine pour lui – tout en étant si heureux et si fiers de l'avoir avec nous. Alors on s'y est mis tout comme on l'avait fait pour le duc avant et on a essayé de le consoler lui aussi. Mais il disait qu'ça servait à rien, en fait seulement d'être mort ça pourrait lui faire du bien et d'en avoir fini avec tout ; pourtant il dit que souvent ça le faisait s' sentir détendu et mieux pendant un moment si les gens le traitaient selon ses droits et, pour lui parler, mettaient un genou en terre et lui disaient toujours « Votre Majesté », et le servaient le premier pendant les repas et ne s'asseyaient pas en sa présence avant qu'il leur dise. Alors Jim et moi on s'est mis à lui donner du « Votre Majesté » à qui mieux mieux tout en faisant ceci et cela et tout le reste pour lui et en restant debout jusqu'à ce qu'il nous dise qu'on pouvait s'asseoir. Tout ça lui fit des tonnes de bien et il devint alors joyeux et à l'aise. Mais il finit d'une manière ou d'une autre par rendre de mauvaise humeur le duc qui semblait pas du tout satisfait de la tournure que prenaient les choses ;

---

14. **for a while** : *pendant un moment, pendant un moment.*
15. **didn't set down** pour **didn't sit down.**
16. **majestying him** pour **calling him "Your Majesty".**
17. **this and that and t'other** pour **this and that and the other** : *ceci et cela et tout le reste.*
18. **set down** pour **sit down.**
19. **this done him** pour **this did him.**
20. **heaps of good** : *des tonnes de bien,* **a heap,** *un tas.*
21. **cheerful** : *gai, joyeux.*
22. **kind of** : *en quelque sorte, d'une manière ou d'une autre.*
23. **soured on him** : *s'aigrit contre lui.*
24. **the way things was going** pour **the way things were going** : *la tournure que les choses prenaient.*

still, the king acted real friendly[1] towards him, and said the duke's great-grandfather and all the other Dukes of Bilgewater was[2] a good deal thought of[3] by *his* father, and was allowed[4] to come to the palace considerable[5]; but the duke staid[6] huffy[7] a good while, till by-and-by the king says:

"Like as not[8] we got[9] to be together a blamed long time[10], on this h-yer raft[11], Bilgewater, and so what's the use[12] o' your bein' sour[13]? It'll only make things oncomfortable[14]. It ain't my fault I warn't born a duke[15], it ain't your fault you warn't born a king – so what's the use to worry[16]? Make the best o' things[17] the way you find 'em[18], says I – that's my motto[19]. This ain't no bad thing that we've struck here[20] – plenty grub[21] and an easy life – come, give us your hand, Duke, and less[22] all be friends."

The duke done it[23], and Jim and me was[24] pretty glad to see it. It took away all the uncomfortableness, and we felt mighty good over it, because it would a been[25] a miserable business to have any unfriendliness on the raft; for what you want, above all things, on a raft, is for everybody to be satisfied, and feel right and kind towards the others.

---

1. **acted real friendly** pour **acted in a really friendly way** : *se montrait vraiment amical, vraiment sympa.*

2. **was** pour **were.**

3. **a good deal thought of** : *tenus en grande estime* ; **a good deal**, *beaucoup.*

4. **was allowed** pour **were allowed.**

5. **considerable** pour **considerably** : *beaucoup,* d'où *tout le temps.*

6. **staid** pour **stayed.**

7. **huffy** : *froissé, vexé.*

8. **like as not** : *il semble bien, il semblerait.*

9. **we got** pour **we have** ou **we have got.**

10. **a blamed long time** : *un bon moment, un bon bout de temps.*

11. **this h-yer raft** pour **this here raft** : *ce radeau-ci.*

12. **what's the use** : *à quoi sert.*

13. **o' your bein' sour** pour **of your being sour** : *d'être de mauvaise humeur.*

pourtant le roi se montrait vraiment sympa avec lui et racontait que l'arrière-grand-père du duc tout comme tous les autres ducs de Chassedeau étaient tous tenus en grande estime par son père à lui et qu'ils avaient l'droit de venir tout l'temps au palais ; mais le duc resta en rogne pendant un bon bout de temps jusqu'au moment où finalement le roi dit :

« Il semblerait bien qu'il nous faille encore passer un bon moment ensemble sur ce foutu radeau, Chassedeau, alors à quoi ça sert que tu sois de mauvaise humeur ? Ça ne f'ra que rendre la vie désagréable. C'est pas d' ma faute si j'suis pas né duc, c'est pas d' ta faute si t'es pas né roi – alors pourquoi s' biler ? Faut prendre les choses comme elles viennent, comme j'dis – et c'est ma devise. C'est pas si mal qu'on se soit retrouvé là – avec plein de bouffe et la bonne vie – allez, ta main, duc, et soyons tous potes. »

Le duc lui tendit la pogne, alors Jim et moi ça nous a vachement fait plaisir de voir ça. Tout ça a fait disparaître tous les mauvais côtés et nous a rendus drôlement contents, parce que ç'aurait été bien difficile d'avoir d'la mésentente sur l'radeau car c'qu'il faut sur un radeau avant toutes choses, c'est qu' tout l'monde soit satisfait, se sente à l'aise et se montre gentil envers tout l'monde.

---

14. **oncomfortable** pour **uncomfortable.**

15. **I warn't born a duke** pour **if I wasn't born a duke.**

16. **to worry** : *se faire du souci, se biler.*

17. **make the best of things** : *prenez le bon côté des choses.*

18. **the way you find 'em** pour **the way you find them** : *comme elles viennent.*

19. **motto** : *devise.*

20. **that we've struck here** : *qu'on se soit retrouvé ici.*

21. **plenty grub** pour **plenty of grub** : *plein de bouffe.*

22. **less** pour **let us.**

23. **done it** pour **did it.**

24. **was** pour **were.**

25. **it would a been** pour **it would have been.**

**It didn't take me long to make up my mind[1] that these liars warn't[2] no kings nor dukes, at all, but just low-down humbugs[3] and frauds[4]. But I never said nothing[5], never let on[6]; kept it to myself; it's the best way; then you don't have no quarrels[7], and don't get into no trouble[8]. If they wanted us to call them kings and dukes, I hadn't no objections[9], 'long as it would keep peace in the family; and it warn't no use[10] to tell Jim, so I didn't tell him. If I never learnt nothing else[11] out of pap[12] I learnt that the best way to get along with his kind of people is to let them have their own way.**

---

1. **to make up my mind** : *pour décider, pour me faire une opinion, pour comprendre.*
2. **warn't** pour **weren't.**
3. **humbugs** : *charlatans, fumistes.*
4. **frauds** : *faiseurs, imposteurs.*
5. **I never said nothing** pour **I never said anything.**
6. **to let on** : *dire, révéler.*
7. **you don't have no quarrels** pour **you don't have any quarrels.**

Il m'fallut pas longtemps pour bien comprendre que ces craqueurs n'étaient ni duc ni roi du tout mais simplement des charlatans et des faiseurs de bas étage. Mais j'ai jamais rien dit là-dessus, jamais rien fait voir ; gardé tout pour moi ; c'est la meilleure manière, comme ça tu n' t'attires pas de bagarre et t'as pas d'histoire. S'ils voulaient qu'on les appelle rois et ducs, j'avais rien contre, tant qu'ça maintenait l'calme parmi nous ; et ça n'servait à rien d'en parler à Jim donc j'lui en parlais pas. Si j'avais jamais appris quelque chose de mon daron c'était bien que l'meilleur moyen de s'entendre avec ce genre de types c'était de ne pas les contrarier.

---

8. **don't get into no trouble** pour **don't get into any trouble.**

9. **I hadn't no objections** pour **I hadn't any objections.**

10. **it warn't no use** pour **it wasn't any use** : *ça ne servait à rien.*

11. **If I never learnt nothing else** pour **If I never learnt anything else** : *si j'avais jamais appris quelque chose* (**to learn, learnt/learned, learnt** : *apprendre*).

12. **pap** pour **papa.**

## CHAPTER XX

[...]

**So me and the king lit out[1] for the camp-meeting[2].**

**We got there in about a half an hour, fairly dripping[3], for it was a most awful hot day. There was as much as a thousand people there, from twenty mile[4] around. The woods was[5] full of teams[6] and wagons, hitched[7] everywheres[8], feeding[9] out of the wagon troughs[10] and stomping[11] to keep off the flies. There was sheds[12] made out of poles[13] and roofed over with branches, where they had lemonade and gingerbread[14] to sell, and piles of water-melons[15] and green cor[16] and such-like truck[17].**

**The preaching was going on under the same kinds of sheds, only they was[18] bigger and held crowds of people. The benches was[19] made out of outside slabs[20] of logs[21], with holes bored[22] in the round side to drive sticks into for legs[23]. They didn't have no backs[24]. The preachers had high platforms to stand on, at one end of the sheds. The women had on sun-bonnets; and some had linsey-woolsey[25] frocks, some gingham[26] ones, and a few of the young ones had on calico[27]. Some of the young men was bare-footed[28], and some of the children didn't have on any clothes but just a tow-linen[29] shirt. Some of the old women was knitting[30], and some of the young folks was courting[31] on the sly.**

---

1. **lit out** (**to light, lit, lit**) : *filâmes, nous tirâmes.*
2. **camp-meeting** : *rassemblement religieux* (généralement sous des tentes).
3. **dripping** : *coulant, ruisselant, en nage.*
4. **twenty mile** pour **twenty miles**.
5. **the woods was** pour **the woods were.**
6. **teams** : *attelages* ; *équipes.*
7. **hitched** : *attaché, attelé* ; *noué.*
8. **everywheres** pour **everywhere.**
9. **feeding** : *mangeant, se nourrissant* (**to feed, fed, fed** : *nourrir* ; *se nourrir*).
10. **troughs** : *mangeoires* ; **trough** signifie aussi *creux, point bas.*
11. **stomping** : *piaffant,* **to stomp,** *frapper du pied.*
12. **there was sheds** pour **there were sheds** : *il y avait des abris.*
13. **pole** : *perche, poteau, mât.*
14. **gingerbread** : *pain d'épices.*
15. **water-melons** : *pastèques.*
16. **green corn** : *jeunes épis de maïs* ; **corn** (GB) *blé,* (US) *maïs.*

## CHAPITRE XX

[...]

Donc, moi et le roi, on a filé au rassemblement d' la mission pour la tempérance.

On y était une demi-heure environ plus tard, bien en nage, car c'était une journée des plus torride. Il y avait là au moins mille personnes, venues de vingt milles à la ronde. Les bois étaient pleins d'attelages et de chariots, attachés partout, les bêtes la tête dans les mangeoires des chariots et occupées à piaffer pour chasser les mouches. Il y avait des abris faits de perches et recouverts de branchages où on vendait de la limonade et des gâteaux au gingembre et où s'entassaient des piles de pastèques, aussi de jeunes épis de maïs et d'autres produits du même genre.

Les prêches allaient bon train dans des abris du même genre, plus grands bien sûr et où se tenaient des foules de gens. Les bancs, sans dossiers, étaient des planches sciées avec dessus encore l'écorce des grumes et où on avait percé des trous pour y fixer des bouts de bois servant de pieds. Les prédicateurs avaient de grandes estrades pour s' tenir à un bout de ces abris. Les femmes portaient des chapeaux de soleil ; certaines avaient des robes de laine et lin, d'autres des robes en vichy et quelques-unes plus jeunes des robes en indienne. Certains des hommes jeunes étaient pieds nus et certains des enfants portaient aucun vêtement sauf une chemise de filasse de lin. Certaines des vieilles tricotaient et les jeunes se faisaient la cour en douce.

---

17. **truck** : *produit, produit maraîcher.*
18. **they was** pour **they were.**
19. **the benches was** pour **the benches were.**
20. **slabs** : *grosses tranches, blocs, dalles.*
21. **logs** : *rondins, bûches.*
22. **bored** : *percé, foré, creusé* (**to bore**).
23. **legs** : *jambes* ; *pieds* (table/tabouret).
24. **didn't have no backs** pour **didn't have any backs** : *n'avaient pas de dossier.*
25. **linsey-woolsey** : *en lin et laine mélangés.*
26. **gingham** : *coton à carreaux, vichy.*
27. **calico** : *calico imprimé, indienne.*
28. **was bare-footed** pour **were bare-footed** : *étaient pieds nus.*
29. **tow-linen** : *filasse de lin* (**tow** : *filasse, étoupe*).
30. **was knitting** pour **were knitting.**
31. **was courting** pour **were courting.**

**The first shed we come to, the preacher was lining out[1] a hymn. He lined out two lines, everybody sung it[2], and it was kind of grand to hear it, there was so many of them[3] and they done it[4] in such a rousing[5] way; then he lined out two more for them to sing – and so on. The people woke up[6] more and more, and sung[7] louder and louder; and towards the end some begun[8] to groan[9], and some begun to shout. Then the preacher begun to preach; and begun in earnest, too; and went weaving[10] first to one side of the platform and then the other, and then a leaning[11] down over the front of it, with his arms and his body going all the time, and shouting his words out with all his might[12]; and every now and then[13] he would hold up his Bible and spread it open[14], and kind of pass it around this way and that, shouting, "It's the brazen serpent[15] in the wilderness[16]! Look upon it and live!" And people would shout out, "Glory! – A-a-*men!*" And so he went on, and the people groaning and crying and saying amen:**

**"Oh, come to the mourners[17]' bench! come, black with sin! (*amen!*) come, sick and sore[18]! (*amen!*) come, lame[19] and halt[20], and blind! (*amen!*) come, pore[21] and needy, sunk in shame! (*a-a-men!*) come all that's worn[22], and soiled[23], and suffering! – come with a broken spirit!**

1. **to line out** : *annoncer, énoncer* ; *préparer.*
2. **sung it** pour **sang it** (**to sing, sang, sung** : *chanter*).
3. **there was so many of them** pour **there were so many of them.**
4. **they done it** pour **they did it.**
5. **rousing** : *émouvant.*
6. **woke up** : *se réveillaient, s'excitaient* (**to wake up, woke up, woke up**).
7. **sung** pour **sang.**
8. **begun** pour **began** (**to begin, began, begun** : *commencer*).
9. **to groan** : *gémir, grogner.*
10. **went weaving** : *se faufilait, se glissait, zigzaguait.*
11. **a leaning** pour **leaning** : *se penchant.*
12. **might** : *puissance, force.*

Dans le premier abri où on est entré le prédicateur annonçait un cantique. Il lisait les deux premiers vers, tous les gens les chantaient et c'était plutôt grandiose d'entendre ça comme ils étaient si nombreux et comme ils chantaient d'une manière qui vous remuait beaucoup ; ensuite il chanta les deux vers suivants pour qu'ils les reprennent – et ainsi de suite. Les gens devenaient de plus en plus excités et chantaient de plus en plus fort ; vers la fin du cantique y'en avait qui se mettaient à gémir et y'en avait d'autres qui s' mettaient à hurler. Puis le prédicateur s'mit à prêcher et s'y mit sérieusement ; d'abord il zigzaguait vers un côté de l'estrade puis vers l'autre, puis i' s'penchait vers ceux qu'étaient d'vant lui, accompagnant tous ses mouvements avec ses bras et son corps tout l' temps et criant à tue-tête quand i' parlait ; puis de temps en temps i' levait sa Bible en l'air et l'ouvrait en grand et la présentait pour ainsi dire à droite et à gauche en criant, « Voici le serpent d'airain dans le désert ! Contemplez le et vivez ! » Et les gens criaient « Gloire au seigneur ! – A-a-men ! » Et lui i' continuait et les gens de gémir, de pleurer en disant amen :

« Oh, venez vous asseoir sur le banc des repentants ! Venez, vous, couverts de péchés ! (*amen*) Venez les malades et les souffrants ! (*amen*) Venez les invalides, les boiteux et les aveugles ! (amen !) Venez les pauvres et les nécessiteux et ceux qui sont plongés dans la honte ! (*a-a-men !*) Venez tous ceux qui sont usés et souillés et dans la douleur ! – Venez avec votre âme brisée !

---

13. **now and then** : *de temps en temps, de temps à autre.*
14. **would...spread it open** : *l'ouvrait en grand* (**to spread, spread, spread** : *étaler*).
15. **the brazen serpent** : *le serpent d'airain* (Bible).
16. **wilderness** : *désert, région sauvage.*
17. **mourners** : *proches du défunt, cortège funèbre* ; *pénitents.*
18. **sore** : *douloureux, souffrant.*
19. **lame** : *boiteux.*
20. **halt** : *estropié, invalide* (**the halt and the lame** : *les estropiés* [Bible].).
21. **pore** pour **poor.**
22. **worn** : *usé, épuisé* (**to wear, wore, worn** : *porter* ; *user*).
23. **soiled** : *souill, sali.*

Come with a contrite heart! come in your rags[1] and sin and dirt[2]! the waters that cleanse[3] is free[4], the door of heaven stands open – oh, enter in and be at rest[5]!" (*a-a-men! glory, glory hallelujah!*)

And so on. You couldn't make out[6] what the preacher said, any more, on account of the shouting and crying. Folks got up, everywheres[7] in the crowd, and worked their way[8], just by main strength[9], to the mourners' bench, with the tears running down their faces; and when all the mourners had got up there to the front bench[10] in a crowd[11], they sung[12], and shouted, and flung themselves down[13] on the straw, just crazy and wild.

Well, the first I knowed[14], the king got agoing[15]; and you could hear him over everybody; and next he went a-charging[16] up on to the platform and the preacher he begged him[17] to speak to the people, and he done it[18]. He told them he was a pirate – been[19] a pirate for thirty years out in the Indian Ocean, and his crew was thinned out[20] considerable[21], last spring, in a fight, and he was home now, to take out some fresh men, and thanks to goodness he'd been robbed last night, and put ashore off of a steamboat without a cent, and he was glad of it, it was the blessedest[22] thing that ever happened to him, because he was a changed man now, and happy for the first time in his life;

---

1. **rags** : *haillons,* de **rag**, *lambeau, loque.*
2. **dirt** : *poussière, saleté, crasse.*
3. **to cleanse** : *nettoyer, purifier.*
4. **is free** pour **are free.**
5. **at rest** : *en repos, en paix.*
6. **to make out** : *distinguer, comprendre.*
7. **everywheres** pour **everywhere.**
8. **to work one's way** : *se frayer un chemin.*
9. **by main strength** : *par la force.*
10. **front benches** : *bancs de devant, bancs des premiers rangs.*
11. **in a crowd** : *en foule, en grand nombre.*
12. **sung** pour **sang.**

Venez avec votre cœur contrit ! Venez avec vos haillons, vos péchés et votre crasse ! Les eaux qui purifient, elles, sont gratuites, la porte du ciel est ouverte... entrez et allez en paix ! » (*a-a-amen ! Gloire au seigneur, Gloire, alléluia !*)

Et ça continuait ainsi. Tu pouvais plus entendre c'que le prédicateur racontait en raison des cris et des pleurs. Y'en avait qui s'levaient partout dans tous les coins dans la foule et qui s'frayaient un chemin par la force simplement jusqu'au banc des repentants, le visage couvert de larmes ; puis quand tous les repentants étaient arrivés aux bancs des premières rangées en grand nombre, i' chantaient et hurlaient et se j'taient à terre sur la paille comme des fous déchaînés.

Eh ben, c'que j'ai tout de suite vu c'était que l'roi s'était mis d'la partie à plein ; tu pouvais entendre sa voix qui couvrait toutes les autres ; et puis après il a foncé pour monter sur l'estrade où il a demandé au prédicateur la permission de parler aux gens, ce qu'il a fait. Il leur a dit qu'il était pirate – l'avait été pendant trente années, là-bas, dans l'océan Indien, qu'il avait perdu un grand nombre d'hommes de son équipage au printemps dernier pendant une bagarre et qu'il était revenu maintenant pour recruter d'autres hommes et que grâce à la bonté divine on lui avait tout dérobé hier soir et qu'on l'avait débarqué d'un bateau à vapeur sans un sou et qu'il en était content, que ce malheur était la plus grande bénédiction qu'il ait jamais reçue, car c'était maintenant un homme changé et heureux pour la première fois de sa vie ;

---

13. **flung themselves down** : *se jetèrent par terre* (**to fling, flung, flung** : *lancer, jeter*).
14. **the first I knowed** (pour **I knew**) : *ce que j'ai tout de suite vu.*
15. **got agoing** : *s'y était mis, y était allé.*
16. **he went a-charging** : *il est monté à l'assaut, il a foncé.*
17. **the preacher he begged him** pour **the preacher begged him.**
18. **he done it** pour **he did it.**
19. **been** pour **had been.**
20. **to thin out** : *diminuer, se réduire.*
21. **considerable** pour **considerably.**
22. **blessedest** pour **most blessed.**

and poor as he was, he was going to start right off[1] and work his way back[2] to the Indian Ocean and put in the rest of his life trying to turn the pirates into the true path[3]: for he could do it better than anybody else, being acquainted with[4] all the pirate crews in that ocean; and though it would take him a long time to get there without money, he would get there anyway, and every time he convinced a pirate he would say to him, "Don't you thank me[5], don't you give me no credit[6], it all belongs to them dear people in Pokeville camp-meeting, natural brothers and benefactors of the race – and that dear preacher there, the truest friend a pirate ever had!"

And then he busted into tears[7], and so did everybody. Then somebody sings out, "Take up a collection[8] for him, take up a collection!" Well, a half a dozen made a jump[9] to do it, but somebody sings out, "Let *him* pass the hat around!" Then everybody said it, the preacher too.

So the king went all through the crowd with his hat, swabbing[10] his eyes and blessing the people and praising them and thanking them for being so good to the poor pirates away off there; and every little while the prettiest kind of girls, with the tears running down their cheeks, would up[11] and ask him would he let them kiss him, for to remember him by[12];

---

1. **to start right off** : *démarrer aussitôt, aussi sec.*
2. **to work his way back** : *travailler pour payer son retour.*
3. **the true path** : *le droit chemin* ; **true**, *vrai, véritable.*
4. **to be acquainted with** : *connaître.*
5. **don't you thank me** (forme emphatique pour **don't thank me**).
6. **don't you give me no credit** pour **don't you give me any credit.**
7. **he busted into tears** pour **he burst into tears** : *il éclata en sanglots* (**to burst, burst, burst** : *éclater, crever* ; *se briser*).

et que pauvre autant qu'il l'était, il allait repartir aussi sec et qu'il allait travailler pour payer son retour jusqu'à l'océan Indien où il consacrerait tout le reste de sa vie à tenter de faire revenir dans le droit chemin les pirates ; en fait il le ferait mieux que n'importe qui d'autre car il connaissait tous les équipages de pirates dans c't'océan ; et que ça lui prendrait du temps pour arriver là-bas sans un rond, il finirait bien par y arriver et que chaque fois qu'il convaincrait un pirate, il lui dirait, « Surtout ne me remercie pas, surtout ne te crois pas en dette avec moi, tu dois tout ça à ces braves gens de la mission de Pokeville, tous des frères et des bienfaiteurs de notre espèce... et aussi au prédicateur qui s'trouvait là, le plus grand ami qu'un pirate ait jamais eu ! »

Alors il a éclaté en sanglots, comme tous les autres. Et puis quelqu'un a lancé sur un air de cantique, « Qu'on fasse la quête pour lui, qu'on fasse la quête pour lui ! » Eh ben, une demi-douzaine d'entre eux ont bondi pour la faire, mais quelqu'un a lancé comme un refrain de cantique, « Qu'on le fasse passer avec son chapeau ! » Tout l'monde a repris, y compris le prédicateur.

Donc le roi est passé dans la foule avec son chapeau, tout en s'épongeant les yeux, en bénissant les gens, en les louant et en les remerciant de leur si grande bonté pour ces pirates si loin là-bas ; et presque à tous les moments des filles des plus chouettes, les joues toutes inondées de larmes, se levaient pour lui demander la permission de l'embrasser pour garder un souvenir de lui ;

---

8. **collection** : *collecte, quête.*

9. **made a jump** : *ont bondi, bondirent.*

10. **swabbing** : en s'épongeant (**to swab** : *nettoyer avec un tampon /une serpillière*).

11. **would up** pour **would get up.**

12. **for to remember him by** pour **so as to remember him by it** : *afin de se souvenir ainsi de lui.*

and he always done it[1]; and some of them he hugged[2] and kissed as many as five or six times – and he was invited to stay a week; and everybody wanted him to live in their houses, and said they'd think it was an honour; but he said as this was the last day of the camp-meeting he couldn't do no good[3], and besides he was in a sweat[4] to get to the Indian Ocean right off[5] and go to work on the pirates.

When we got back to the raft and he come[6] to count up[7], he found he had collected eighty-seven dollars and seventy-five cents. And then he had fetched away[8] a three-gallon jug of whisky too, that he found under a wagon when we was[9] starting home through the woods. The king said, take it all around, it laid over[10] any day he'd ever put in[11] in the missionarying[12] line[13]. He said it warn't no use[14] talking, heathens[15] don't amount to[16] shucks[17], along side of[18] pirates, to work a camp-meeting with.

[...]

---

1. **he always done it** pour **he always did it.**
2. **to hug** : *étreindre, serrer dans ses bras.*
3. **he couldn't do no good** pour **he couldn't do any good.**
4. **he was in a sweat** : *avoir hâte, être pressé.*
5. **right off** : *tout de suite, immédiatement.*
6. **he come** pour **he came.**
7. **to count up** : *compter, faire les comptes.*
8. **he had fetched away** : *il avait ramassé, il avait piqué.*
9. **we was** pour **we were.**

et il n'y manquait jamais ; et y'en avait qu'il serrait fort dans ses bras et qu'il embrassait jusqu'à cinq ou six fois... et on l'invitait à rester une semaine ; et tout l'monde voulait l'avoir chez eux et disait que ce serait un honneur ; mais il répondait que, comme c'était le dernier jour de la mission, il pourrait rien faire de bon et que de toute façon ça le démangeait de filer tout de suite à l'océan indien pour travailler à la conversion des pirates.

Quand on est revenu au radeau et qu'il eut compté le fric, il avait récolté en fin de compte quatre vingt sept dollars et soixante quinze cents. Et puis il avait aussi ramassé une cruche de trois gallons pleine de whisky qu'il avait trouvée sous un chariot quand on s'était mis en route pour rentrer à travers les bois. Le roi dit alors, que j'la fasse passer à tous pour une lampée et que ça battait tous les records des journées qu'il avait jamais passées à se faire prendre pour un missionnaire. Il a ajouté que ça servait à rien d'en parler, les païens ne valent pas tripette, tout comme les pirates d'ailleurs, pour organiser une assemblée religieuse.

[...]

10. **it laid over** : *ça dépassait* (**to lay, laid, laid** : *poser, mettre* ; *baiser*).
11. **to put in** (**time**) : *consacrer, passer* (du temps).
12. **missionarying** pour **missionary**.
13. **line** : *métier, profession*.
14. **it warn't no use** pour **it wasn't any use** : *ça ne servait à rien*.
15. **heathens** : *les païens* ; aussi *les sauivages, les barbares*.
16. **to amount to** : *valoir, équivaloir*.
17. **shucks** : *cosse, bogue, coquille* ; d'où : *rien, des clopinettes*.
18. **alongside of** pour **alongside with** : *de même que, tout comme*.

## CHAPTER XXI

[...]

The nearer it got to noon that day, the thicker and thicker was[1] the wagons and horses in the streets, and more coming all the time. Families fetched[2] their dinners with them, from the country, and eat[3] them in the wagons. There was considerable whisky drinking going on, and I seen[4] three fights. By-and-by[5] somebody sings out –

"Here comes old Boggs! – in from the country for his little old monthly drunk – here he comes, boys!"

All the loafers[6] looked glad – I reckoned[7] they was used[8] to having fun out of Boggs. One of them says:

"Wonder who he's a gwyne[9] to chaw up[10] this time. If he'd a chawed up[11] all the men he's ben a gwyne to[12] chaw up in the last twenty year[13], he'd have considerble[14] ruputation[15], now."

Another one says, "I wisht[16] old Boggs 'd threaten me, 'cuz[17] then I'd know I warn't gwyne to[18] die for a thousan' year[19]".

Bogg comes a-tearing[20] along on his horse, whooping[21] and yelling like an Injun[22], and singing out –

---

1. **was** pour **were**.
2. **fetched** : *apportaient* (**to fetch** : *aller chercher*).
3. **eat** pour **ate** (**to eat, ate, eaten** : *manger*).
4. **I seen** pour **I saw**.
5. **by-and-by** : *bientôt, au bout d'un certain temps.*
6. **loafers** : *fainéants, personnes qui baguenaudent /qui se baladent.*
7. **to reckon** : *calculer, compter* ; *estimer, penser.*
8. **they was used** pour **they were used.**
9. **he's a gwyne** pour **he is going.**
10. **to chaw up** : *battre, vaincre, se payer.*
11. **if he'd a chawed up** pour **if he had chawed up.**
12. **he's ben a gwyne to** pour **he has been going to.**
13. **twenty year** pour **twenty years.**

## CHAPITRE XXI

[...]

Plus on s'approchait de midi ce jour-là, plus on comptait de chariots et de chevaux dans les rues et il en arrivait encore plus sans arrêt. Les familles avaient apporté leur dîner avec elles depuis la campagne et les mangeaient dans leur chariot. On buvait partout du whisky en grosse quantité et j'ai vu trois bagarres. Bientôt quelqu'un s'est mis à crier :

« Voici le vieux Boggs ! – i' vient d' sa cambrousse pour sa mufflée mensuelle – l'voici, les gars ! »

Tous les gens qui se baladaient montraient leur joie... j'étais certain qu'ils avaient l'habitude d'se fiche de la tronche de Boggs. L'un d'eux lançe :

« J'me demande qui i' va se payer cette fois-ci, s'il s'est vraiment payé tous les types qu'il allait s'payer au cours des dernières vingt années, il devrait avoir maintenant une sacrée réputation. »

Un autre ajoute, « J'aimerais bien que le vieux Boggs m'ait menacé parce que alors j'serais certain de n'pas mourir avant mille ans. »

Et voilà Boggs qui déboule à fond sur son cheval, en lançant des youpis et des hurlements comme un Peau Rouge et en criant :

---

14. **considerble** pour **considerable.**
15. **ruputation** pour **reputation.**
16. **I wisht** pour **I wished.**
17. **'cuz** pour **because.**
18. **I warn't gwyne to** pour **I wasn't going to.**
19. **a thousan' year** pour **a thousand years.**
20. **comes a-tearing** pour **comes tearing** : *déboule* (**to tear, tore, torn** : *déchirer, arracher*;.
*aller à toute allure*).
21. **whooping** : *en lançant des youpis*; **a whoop**, *un cri de joie, de triomphe.*
22. **Injun** pour **Indian** : *Indien, Peau-Rouge.*

"Cler the track[1], thar[2]. I'm on the waw-path[3], and the price uv[4] coffins is a gwyne to raise[5]."

He was drunk, and weaving about[6] in his saddle; he was over fifty year old, and had a very red face. Everybody yelled at him, and laughed at him, and sassed him[7], and he sassed back, and said he'd attend to them and lay them out[8] in their regular turns[9], but he couldn't wait now, because he'd come to town to kill old Colonel Sherburn, and his motto was, "Meat first, and spoon vittles[10] to top off on."

He see me[11], and rode up and says –

"Whar'd you come f'm[12], boy? You prepared[13] to die?"

Then he rode on. I was scared[14]; but a man says –

"He don't mean nothing[15]; he's always a carryin' on[16] like that, when he's drunk. He's the best-naturedest[17] old fool in Arkansaw[18] – never hurt nobody[19], drunk nor[20] sober."

Boggs rode up before the biggest store in town and bent his head down so he could see under the curtain of the awning[21], and yells –

"Come out here, Sherburn! Come out and meet the man you've swindled[22]. You're the houn'[23] I'm after, and I'm a gwyne to have you[24], too!"

---

1. **cler the track** pour **clear the track** : *débarrasse /dégage la piste.*
2. **thar** : pour **there.**
3. **the waw-path** pour **the war-path** : *le sentier de la guerre.*
4. **uv** pour **of.**
5. **a gwyne to raise** pour **going to rise.**
6. **weaving about** : *zigzaguait, tanguait.*
7. **sassed him** : *se moquait de lui* (**to sass** : *répondre avec impertinence*).
8. **lay them out** : *les étendre, les allonger raides.*
9. **in their regular turns** : *quand leur tour viendrait.*
10 . **spoon vittles** pour **spoon victuals** : *les victuailles* (*qui se servent*) *à la cuiller.*
11. **he see me** pour **he saw me.**
12. **whar'd you come f'm** pour **where would you come from/where did you come from.**
13. **you prepared** pour **are you prepared.**

« Qu'on m'laisse la piste devant. J'suis sur le sentier de la guerre et le prix des cercueils va grimper. »

Il était bourré et tanguait dans tous les sens sur sa selle ; il avait plus de cinquante berges et son visage était tout rouge. Tout l'monde lui lançait des cris, s'moquait d'lui, lui balançait des plaisanteries et il répondait aussi sec et disait qu'il allait s'occuper d'eux et les allonger raides quand leur tour viendrait mais qu'il pouvait pas attendre maintenant parce qu'il était v'nu en ville pour tuer l'vieux colonel Sherburn et qu'sa devise c'était , « La bidoche d'abord, ensuite les victuailles à la cuiller par-dessus. »

Il me voit, s'avance sur son cheval et me dit :

« D'où viens-tu donc, gamin ? Tu es prêt à mourir ? »

Puis il s'éloigne. J'avais la frousse ; mais un homme me dit :

« Il parle pour ne rien dire ; il agit toujours comme ça quand il est rond. C'est le plus brave et le meilleur des vieux dingues de tout l'Arkansas – il a jamais fait de mal à personne, qu'il soit rond ou sobre. »

Boggs a continué son chemin jusque devant la plus grosse boutique de la ville où il a baissé la tête pour voir sous le rideau de l'auvent et a hurlé :

« Sors de là, Sherburn ! Sors et fais face à l'homme que t'as roulé. T'es le chien que j' recherche et j' vais t' faire la peau, à toi aussi ! »

---

14. **scared** : *effrayé, terrifié.*

15. **he don't mean nothing** pour **he doesn't mean anything.**

16. **he's always a carryin' on** pour **he's always carrying on** : *il se comporte toujours, il agit.*

*toujours.*

17. **best-naturedest** pour **best-natured** : *le plus brave, le meilleur, le mieux intentionné.*

18. **Arkansaw** pour **Arkansas.**

19. **never hurt nobody** pour **never hurt anybody.**

20. **nor** pour **or.**

21. **awning** : *auvent, tendue.*

22. **to swindle** : *escroquer, rouler.*

23. **houn'** pour **hound** : *chien.*

24. **I'm a gwyne to have you** pour **I'm going to have you** : *je vais t'attraper, te faire la peau.*

**And so he went on, calling Sherburn everything he could lay his tongue[1] to, and the whole street packed with people listening and laughing and going on. By-and-by a proud-looking man about fifty-five – and he was a heap[2] the best-dressed man in that town, too – steps out of the store, and the crowd drops back[3] on each side to let him come. He says to Boggs, mighty[4] calm and slow – he says:**

**"I'm tired of this; but I'll endure it till one o'clock. Till one o'clock, mind[5] – no longer. If you open your mouth against me only once, after that time, you can't travel so far but I will find you."**

**Then he turns and goes in. The crowd looked mighty sober; nobody stirred[6], and there warn't no more laughing[7]. Boggs rode off blackguarding[8] Sherburn as loud as he could yell, all down the street; and pretty soon back he comes and stops before the store, still keeping it up[9]. Some men crowded around him and tried to get him to shut up[10], but he wouldn't; they told him it would be one o'clock in about fifteen minutes, and so he *must*[11] go home – he must go right away[12]. But it didn't do no good[13].**

---

1. **he could lay his tongue to** : (m. à mot) *qu'il pouvait rassembler sur sa langue.*
2. **a heap** : *de loin, largement.*
3. **to drop back** : *retomber,* d'où : *s'écarter.*
4. **mighty** : *très.*
5. **mind** : *attention, fais attention.*
6. **to stir** : *bouger, remuer.*
7. **there warn't no more laughing** pour **there wasn't any more laughing.**

Puis il a continué d' la même manière, traitant Sherburn d'tous les noms d'oiseaux qu'il pouvait trouver, et toute la rue grouillait des gens qui l'écoutaient, s'marraient et ça n'arrêtait pas. Bientôt un homme à l'air fier, d'environ cinquante-cinq berges – et de fait c'était l'homme de loin le mieux habillé dans toute c'te ville – sort d'la boutique, la foule s'écarte de chaque côté pour l'laisser avancer. Il s'adresse à Boggs, vachement calme et lentement, et qu'il lui dit :

« Je suis fatigué de tout ce raffut ; mais je le supporterai jusqu'à une heure. Rappelle-toi bien, jusqu'à une heure de l'après-midi. Si, après cette heure précise, tu ouvres encore la bouche pour m'injurier rien qu'une fois, tu ne pourras pas aller assez loin pour que je puisse pas te retrouver. »

Ensuite il fait demi-tour et rentre. La foule a drôlement paru sobre ; personne n'bougeait et y avait plus de ricanements. Boggs s'est éloigné et lançait les pires injures contre Sherburn en hurlant aussi fort qu'il pouvait tout l'long de la rue ; et peu d'temps après le v'là qu'i' revient, s'arrête encore d'vant la boutique et continue son manège. Des types s'sont attroupés autour d'lui et ont tout fait pour l'faire taire, mais i'voulait rien entendre ; ils lui ont dit qu'il s'rait une heure dans quinze minutes et qu'aussi il lui fallait absolument s'en aller immédiatement. Mais ça a servi à rien.

---

8. to **blackguard** : *injurier,* **a blackguard**, *une fripouile, une canaille.*
9. **keeping it up** : *en continuant.*
10. **to shut up** : *se taire, la fermer.*
11. **he *must*** : *il lui fallait absolument* (italiques = forme d'insistance).
12. **right away** : *immédiatement.*
13. **it didn't do no good** pour **it didn't do any good** : *ça n'a servi à rien.*

He cussed away[1], with all his might[2], and throwed[3] his hat down in the mud, and rode over it, and pretty soon away he went a-raging down the street again[4], with his gray hair a-flying[5]. Everybody that could get a chance at him tried their best to coax him off[6] his horse so they could lock him up and get him sober; but it warn't no use[7] – up the street he would tear[8] again, and give Sherburn another cussing[9]. By-and-by somebody says:

"Go for[10] his daughter! – quick, go for his daughter; sometimes he'll listen to her. If anybody can persuade him, she can."

So somebody started on a run[11]. I walked down street a ways[12], and stopped. In about five or ten minutes, here comes Boggs again – but not on his horse. He was a-reeling[13] across the street towards me, bareheaded[14], with a friend on both sides of him aholt[15] of his arms and hurrying him along[16]. He was quiet, and looked uneasy; and he warn't hanging back any[17], but was doing some of the hurrying himself. Somebody sings out –

"Boggs!"

I looked over there to see who said it, and it was that Colonel Sherburn.

---

1. **he cussed away** pour **he cursed away** : **away** est un intensif susceptible de traductions différentes selon le contexte.
2. **might** : *puissance, force.*
3. **throwed** pour **threw** (**to throw, threw, thrown** : *jeter*).
4. **a-raging** pour **raging.**
5. **a-flying** pour **flying.**
6. **to coax** : *amadouer.*
7. **it warn't no use** pour **it wasn't any use** : *cela n'a servi à rien.*
8. **to tear** (**tore, torn**) : *arracher, déchirer* ; *aller à toute allure.*
9. **cussing** pour **cursing** : *juron, malédiction.*

Il jura comme un charretier, a jeté par terre son chapeau et a fait passer son cheval dessus, et puis tout d' suite après il a foncé et descendu la rue une fois encore, ses cheveux gris volant au vent. Tout l'monde qui l'pouvait faisait d' leur mieux pour l'convaincre de descendre d'son cheval pour pouvoir l'enfermer et l'faire cuver ; mais ça a servi à rien – et le v'là encore à remonter la rue et à relancer une bordée d'injures à Sherburn. Alors quelqu'un crie :

« Allez chercher sa fille ! – vite allez chercher sa fille ; des fois il écoute c'qu'elle lui dit. Si jamais quelqu'un peut l'ramener à la raison , c'est elle. »

Alors quelqu'un est parti en courant. J'ai descendu un peu la rue et m'suis arrêté. Au bout d'cinq ou dix minutes v'là Boggs qui revient – mais c'te fois-ci plus à cheval. Il traversait la rue vers moi en tenant plus sur ses quilles, nu-tête, un pote à lui de chaque côté l'tenant par les bras et le faisant aller vite. Il était silencieux et avait l'air inquiet ; et il cherchait pas du tout à ralentir, mais accélérait l'allure lui-même. Une voix a lancé :

« Boggs ! »

J'me suis retourné pour voir qui avait crié et c'était l'colonel Sherburn.

---

10. **to go for** : *aller chercher.*

11. **started on a run** : *partit en courant, s'élança en courant.*

12. **a ways** : *un peu, sur un bout de chemin.*

13. **a-reeling** pour **reeling** : *en titubant.*

14. **bareheaded** : *nu-tête, tête nue.*

15. **aholt of** pour **holding (a-holding)**.

16. **hurrying him along** : *en le pressant d'avancer* (**to hurry** : *presser ; se presser*).

17. **he warn't hanging back any** pour **he wasn't hanging back in any way** : *il ne cherchait pas du tout à ralentir.*

He was standing perfectly still in the street, and had a pistol raised in his right hand – not aiming[1] it, but holding it out with the barrel[2] tilted[3] up towards the sky. The same second I see a young girl coming on the run[4], and two men with her. Boggs and the men turned round, to see who called him, and when they see the pistol the men jumped to one side and the pistol barrel come down slow[5] and steady[6] to a level[7] – both barrels cocked[8]. Boggs throws up both of his hands, and says, "O Lord, don't shoot!" Bang! goes the first shot, and he staggers[9] back clawing[10] at the air – bang! goes the second one, and he tumbles[11] backwards on to the ground, heavy and solid, with his arms spread out[12]. That young girl screamed[13] out, and comes rushing, and down she throws herself on her father, crying, and saying, "Oh, he's killed him, he's killed him!" The crowd closed up[14] around them, and shouldered[15] and jammed[16] one another with their necks stretched, trying to see, and people on the inside trying to shove[17] them back, and shouting, "Back, back! give him air, give him air!"

Colonel Sherburn he tossed[18] his pistol on to the ground, and turned around on his heels and walked off.

---

1. **to aim** : *pointer, viser.*
2. **barrel** : *canon* (de fusil, de pistolet).
3. **tilted** : *pointé* (**to tilt** : *pencher, incliner*).
4. **on the run** pour **running.**
5. **slow** pour **slowly.**
6. **steady** pour **steadily** : *calmement, fermement, sans trembler.*
7. **to a level** : *jusqu'à être à niveau.*
8. **to cock** : *armer* (un fusil, un pistolet).
9. **to stagger** : *chanceler, tituber, vaciller.*
10. **to claw** : *prendre dans ses griffes, s'aggriper, s'accrocher.*

Il était debout sans bouger d'un poil dans la rue, un pistolet à la main droite en l'air – sans viser quoi que ce soit mais l' canon pointé vers l' ciel. À la même seconde je vois une fille jeune arriver en courant et deux hommes avec elle. Boggs et les hommes qui l' soutenaient s' retournent pour voir qui l'appelait et en voyant l' pistolet les hommes sautent sur l' côté et alors l' canon du pistolet descend lentement et sans trembler pour être à niveau – les chiens des deux canons armés. Boggs lève les deux mains et crie, « Par l' Seigneur, ne tirez pas ! » Bang ! La première balle part et le v'là qui tombe en arrière en titubant et en s'accrochant dans l' vide – Bang ! Part la seconde balle et le v'là qui s'écroule à la renverse par terre, les bras en croix. La pauvre jeune fille s'met à hurler et s'précipite et en pleurs s'jette à terre sur son père et crie, « Oh, il l'a tué ; il l'a tué ! » La foule se resserre autour d'eux, épaules contre épaules, pressés les uns contre les autres en tendant le cou pour essayer de voir et ceux qui sont au premier rang s'efforcent d'les faire reculer en criant, « Reculez, reculez ! Donnez-lui d'l'air, donnez-lui d'l'air ! »

L'colonel Sherburn, lui, a balancé son pistolet par terre, tourné les talons et s'est éloigné en marchant.

---

11. **to tumble** : *dégringoler, faire une chute.*

12. **spread out** : *étalés*, d'où : *en croix* (**to spread, spread, spread** : *étaler*).

13. **to scream (out)** : *hurler.*

14. **to close up** : *se rapprocher, se resserrer.*

15. **to shoulder** : *pousser de l'épaule, jouer des épaules.*

16. **to jam** : *se tasser, s'entasser* ; *se coincer, se bloquer.*

17. **to shove** : *pousser, repousser, bousculer.*

18. **to toss** : *lancer, jeter.*

**They took Boggs to a little drug store, the crowd pressing around, just the same, and the whole town following, and I rushed and got a good place at the window, where I was close to him and could see in. They laid him on the floor[1], and put one large Bible under his head, and opened another one and spread it[2] on his breast[3] – but they tore open his shirt first, and I seen[4] where one of the bullets went in. He made about a dozen long gasps[5], his breast lifting the Bible up when he drawed in his breath[6], and letting it down again when he breathed it out[7] – and after that he laid still; he was dead. Then they pulled his daughter away from him, screaming[8] and crying, and took her off. She was about sixteen, and very sweet and gentle-looking, but awful[9] pale and scared[10].**

**Well, pretty soon the whole town was there, squirming[11] and scrouging[12] and pushing and shoving[13] to get at the window and have a look, but people that had the places wouldn't give them up, and folks behind them was saying[14] all the time, "Say, now, you've looked enough, you fellows; 'taint right and 'taint fair[15], for you to stay thar[16] all the time, and never give nobody[17] a chance; other folks has[18] their rights as well as you."**

---

1. they **laid him on the floor** : *ils l'ont étendu sur le plancher* (**to lay, laid, laid** : *poser, déposer ; pondre*).

2. **spread it** : *l'ont posée à plat* (**to spread, spread, spread** : *étaler*).

3. **breast** : *poitrine, sein.*

4. **I seen** pour **I saw.**

5. **gasp** : *halètement, gros soupir.*

6. **he drawed in his breath** pour **he drew in his breath** : *il inspirait.*

7. **to breath out** : *expirer, souffler.*

8. **screaming** : *hurlant, en hurlant.*

9. **awful** pour **awfully** : *terriblement.*

Ils ont emmené Boggs dans une petite épicerie, avec la foule qui se pressait autour de lui tout comme avant et avec toute la ville qui les suivait et, moi, j'me suis précipité pour être bien placé à la devanture où j'étais tout près et pouvais tout voir à l'intérieur. Ils l'ont étendu sur le plancher, lui ont mis une grosse Bible sous la tête, en ont ouvert une autre et lui ont posée à plat sur la poitrine – mais ils lui ont aussi ouvert la chemise en la déchirant et j'ai vu l'endroit où l'une des balles l'avait touché. Il a poussé au moins une douzaine de gros soupirs, alors sa poitrine se soulevait et faisait monter la Bible quand il inspirait et la faisait redescendre quand il soufflait – puis après ça il a plus bougé ; il était mort. Alors ils ont pris sa fille qui hurlait et pleurait sur lui et l'ont emmenée. Elle avait environ seize ans, avait l'air très gentille, était belle mais toute pâle et effrayée.

Et alors, tout de suite la ville entière était là, se tortillait, se pressait en poussant et en jouant des coudes pour s'approcher d'la devanture et pour regarder, mais ceux qu'avaient des places voulaient pas les laisser et les gens derrière répétaient sans cesse, « Dites donc un peu, vous avez assez regardé, vous autres ; c'est pas juste et c'est pas normal que vous restiez là tout l'temps sans céder une place aux autres ; les autres ont autant de droits qu'vous. »

---

10. **scared** : *effrayée, terrifiée.*
11. **to squirm** : *se tortiller.*
12. **to scrouge** : *presser, se presser.*
13. **to shove** : *pousser, repousser, bousculer.*
14. **was saying** pour **were saying.**
15. **'taint right and 'taint fair** pour **it isn't right and it isn't fair.**
16. **thar** pour **there.**
17. **never give nobody** pour **never give anybody.**
18. **other folks has** pour **other folks have.**

There was considerable jawing[1] back, so I slid[2] out, thinking maybe there was going to be trouble. The streets was full[3], and everybody was excited. Everybody that seen[4] the shooting was telling how it happened, and there was a big crowd packed[5] around each one of these fellows, stretching their necks and listening. One long lanky[6] man, with long hair and a big white fur stove-pipe hat[7] on the back of his head, and a crooked-handled[8] cane, marked out the places on the ground, where Boggs stood, and where Sherburn stood, and the people following him around from one place to t'other[9] and watching everything he done[10], and bobbing[11] their heads to show they understood, and stooping[12] a little, and resting their hands on their thighs to watch him mark the places on the ground with his cane; and then he stood up straight and stiff where Sherburn had stood, frowning and having his hat-brim[13] down over his eyes, and sung out, "Boggs!" and then fetched[14] his cane down slow[15] to a dead[16] level, and says "Bang!" staggered[17] backwards, says "Bang!" again, and fell down flat on his back. The people that had seen the thing said he done it[18] perfect[19]; said it was just exactly the way it all happened. Then as much as a dozen people got out their bottles and treated him[20].

---

1. **to jaw** : *bavarder*; *insulter* (**jaw** : *mâchoire*; d'où : *bavette, papotage, sermon*).
2. **to slide (slid, slid) out** : *s'échapper, s'éclipser, se barrer.*
3. **the streets was full** pour **the streets were full.**
4. **that seen** pour **that saw/ that had seen.**
5. **packed** : *comble, bondé* (**to pack** : *réunir, rassembler*; *faire ses bagages*).
6. **lanky** : *dégingandé, grand et maigre.*
7. **stove-pipe hat** : *chapeau en forme de tuyau de poêle, tuyau de poêle.*
8. **crooked**, itordu ; **handle,** *poignée.*
9. **to t'other** pour **to the other.**
10. **he done** pour **he did.**

Il y avait pas mal de prises de bec aussi j'me suis barré en douce en pensant que ça allait mal tourner. Les rues étaient bondées et tout l'monde était surexcité. Tous ceux qu' avaient vu les coups d'pistolet racontaient comment ça s'était passé et y avait autour d' tous ces types des attroupements énormes où les gens tendaient l'cou et écoutaient. Un type grand et dégingandé, aux cheveux longs, avec un grand chapeau de fourrure blanche en forme de tuyau de poêle rejeté en arrière sur la tête et une cane avec une poignée recourbée, désignait l'endroit là où Boggs se tenait et l'endroit là où Sherburn se tenait, et les gens l'suivaient partout d'un endroit à l'autre, observaient tout c'qu'il faisait, opinaient d' la caboche pour bien montrer qu'ils pigeaient, s'penchaient un peu en posant les mains sur les cuisses quand il désignait sur le sol les endroits avec sa cane; et puis il s'est redressé tout droit et raide là où Sherburn s'était tenu, les sourcils froncés et l'bord d'son chapeau sur les yeux, a lancé « Boggs » puis a amené lentement à l'horizontale parfaite et y relance « Bang! » puis il a reculé en titubant, relance encore « Bang! » et s'étale à la renverse sur le dos d' tout son long. Ceux qu'avaient vu la scène ont dit qu'il l'avait parfaitement rendue; ils ont ajouté que c'était exactement comme ça s'était passé. Alors au moins une douzaine des présents ont sorti leur bouteille pour lui donner une rasade.

---

11. **to bob** : *faire monter et descendre* ; *faire une petite révérence.*
12. **to stoop** : *se pencher, se courber.*
13. **hat-brim** : *bord de chapeau.*
14. **to fetch** : *aller chercher, apporter, amener.*
15. **slow** pour **slowly**.
16. **dead** : *mort* ; *complet, total, plat* (arrêt, calme).
17. **to stagger** : *chanceler, tituber, vaciller.*
18. **he done it** pour **he did it/ he had done it.**
19. **perfect** pour **perfectly**.
20. **to treat someone** : *offrir* (à boire, à manger) *à quelqu'un.*

Well, by-and-by somebody said Sherburn ought to be lynched. In about a minute everybody was saying it; so away they went, mad[1] and yelling[2], and snatching[3] down every clothes-line[4] they come to, to do the hanging with.

## CHAPTER XXII

[...]

Well, that night we had *our*[5] show; but there warn't only about twelve people[6] there; just enough to pay expenses. And they laughed all the time, and that made the duke mad; and everybody left, anyway, before the show was over[7], but[8] one boy which was asleep. So the duke said these Arkansaw[9] lunk-heads[10] couldn't come up to Shakspeare; what they wanted was low comedy – and maybe something ruther[11] worse than low comedy, he reckoned[12]. He said he could size[13] their style. So next morning he got some big sheets of wrapping-paper[14] and some black paint, and drawed off[15] some handbills[16] and stuck them up all over the village.

---

1. **mad,** *fou ; furieux, enragé.*
2. **to yell** : *hurler.*
3. **to snatch (down)** : *arracher, attraper, décrocher.*
4. **clothes-line** : *corde à linge.*
5. ***our*** : italiques = forme d'insistance.
6. **there warn't only about twelve people** pour **there were only about twelve people.**
7. **over** : *fini, terminé.*
8. **but** : *à part, excepté, à l'exception de, sauf.*
9. **Arkansaw** pour **Arkansas.**

Et puis bientôt quelqu'un a dit qu'on devrait lyncher Sherburn. Au bout d'une minute à peine, tout l' monde disait la même chose ; et ils s'sont tous mis en route, déchaînés en hurlant et en attrapant toutes les cordes à linge qu'ils trouvaient sur leur chemin pour pendre Sherburn.

## CHAPITRE XXII

[...]

Eh ben, ce soir on a eu notre spectacle comme prévu ; mais y avait qu'environ douze spectateurs ; jute assez pour couvrir les dépenses. Qui plus est, ils ont pas arrêté d'rire, et ça a rendu fou l'duc ; et ils sont tous sortis d'toute façon avant la fin d'la séance, à part un gamin qu'était endormi. Alors l'duc a déclaré que ces ploucs d'l'Arkansas n'pouvaient monter à la hauteur d'Shakespeare ; selon lui c'qu'ils voulaient c'était d'la comédie d' bas étage – et peut-être même quelque chose d'pire que d'la comédie d'bas étage. Il a ajouté qu'il les jaugeait bien. Aussi l' matin suivant il s'est procuré d'grandes feuilles d'papier d'emballage et d'la peinture noire, et il a fabriqué des affiches et les a collées partout dans le village.

---

10. **lunkheads** pour **lump heads** : *prolétaires, gens du peuple*, d'où : *rustres, ploucs*.

11. **ruther** pour **rather**.

12. **to reckon** : *estimer, juger, penser* (d'où : *selon lui*).

13. **to size** : *estimer, jauger*.

14. **wrapping-paper** : *papier d'emballage* ; **to wrap,** *envelopper, emballer, empaqueter*.

15. **drawed off** pour **drew off** : *dessiner, confectionner, réaliser* (**to draw, drew, drawn** : *dessiner*).

16. **handbills** : *prospectus, affiches*.

The bills said:

**AT THE COURT HOUSE!**
**For 3 nights only!**
***The World-Renowned Tragedians***

**DAVID GARRICK[1] THE YOUNGER!**
**AND**
**EDMUND KEAN[2] THE ELDER!**

***Of the London and Continental Theatres,***

**In their Thrilling[3] Tragedy of**

**THE KING'S CAMELOPARD[4]**
**OR**
**THE ROYAL NONESUCH[5]!!!**

***Admission 50 cents.***

Then at the bottom was the biggest line of all, which said:

**LADIES AND CHILDREN NOT ADMITTED.**

"There," says he, "if that line don't fetch them[6], I don't know Arkansaw!"

1. **David Garrick** : acteur britannique célèbre pour ses interprétations des personnages de Shakespeare.
2. **Edmund Kean** : *idem.*
3. **thrilling** : *excitant, palpitant, passionnant.*
4. **camelopard** : mélange de *chameau* (**camel**) et de *léopard* (**leopard**).
5. **nonesuch** : *à nul autre pareil.*
6. **if that line don't fetch them** pour **if that line doesn't fetch them** : *si cette ligne ne les fait pas venir.*

Les affiches disaient :

AU PALAIS DE JUSTICE !
Pour trois soirs seulement !
*Les acteurs tragiques de renommée mondiale*

DAVID GARRICK LE JEUNE
et
EDMUND KEAN L'AÎNÉ

*Des Théâtres de Londres et du Continent,*

Dans leur Tragédie Palpitante du

CHAMEAULÉOPARD
ou
LE SANS-PAREIL ROYAL !!

*Entrée 50 cents*

Puis en bas la plus grosse ligne de toute l'affiche, qui disait :

LES DAMES ET LES ENFANTS NE SONT PAS ADMIS

« Voilà », dit-il, « si cette ligne n'les fait pas venir, j'connais pas l'Arkansas ! »

Dans l'épisode des comédiens, Mark Twain semble faire allusion aux agissements de John Wilkes Booth, acteur de second plan, qui assassina Abraham Lincoln en 1865.

# CHAPTER XXIII

**Well, all day him[1] and the king was hard[2] at it, rigging up[3] a stage, and a curtain, and a row of candles for foot-lights[4]; and that night the house was jam full[5] of men in no time. When the place couldn't hold no more[6], the duke he quit[7] tending door[8] and went around the back way and come[9] on to the stage and stood up before the curtain, and made a little speech, and praised up[10] this tragedy, and said it was the most thrillingest[11] one that ever was; and so he went on a-bragging[12] about the tragedy, and about Edmund Kean the Elder, which was[13] to play the main principal part in it; and at last when he'd got everybody's expectations[14] up high enough, he rolled up the curtain, and the next minute the king come a-prancing[15] out on all fours[16], naked; and he was painted all over, ring-streaked-and-stripe[17], all sorts of colours, as splendid as a rainbow. And – but never mind the rest of his outfit[18], it was just wild, but it was awful[19] funny. The people most[20] killed themselves laughing; and when the king got done[21] capering[22], and capered off behind the scenes, they roared[23] and clapped and stormed[24] and haw-hawed[25] till he come back and done it[26] over again;**

---

1. **him** pour **he.**

2. **was** pour **were.**

3. **to rig up** : *installer, monter* (**to rig** : *gréer* (navire) ; *truquer* (élections, jeu).

4. **for footlights** : *en guise de rampe.*

5. **jam full** : *plein à craquer* (**jam** : *confiture* ; *encombrement, embouteillage, foule*).

6. **couldn't hold no more** pour **couldn't hold any more.**

7. **the duke he quit** pour **the duke quit** (**to quit, quit, quit** : *cesser*).

8. **tending the door** pour **attending the door** : *s'occuper de la porte.*

9. **and come** pour **and came.**

10. **to praise (up)** : *louer, faire l'éloge de.*

11. **the most thrillingest** pour **the most thrilling** : *la plus palpitante.*

12. **he went on a-bragging** pour **he went on bragging** : *il continua à se vanter.*

## CHAPITRE XXIII

Alors, toute la journée, lui et le roi ont bossé, installant l'décor et un rideau et une rangée d'chandelles pour éclairer la rampe ; et ce soir-là, en un rien d'temps la salle était remplie d'hommes. Quand on pouvait plus y' en faire rentrer un seul, l'duc a cessé d's'occuper des entrées à la porte, il a fait l'tour par derrière, est passé sur la scène et s'est planté d'vant l'rideau, a fait un p'tit discours pour chanter les louanges d'la tragédie en disant qu'c'était la plus hilarante qu'ait jamais été jouée ; et il a continué à vanter c'te tragédie et Edmund Kean l'aîné qu'allait y jouer le rôle principal ; et enfin quand il eut suffisamment excité l'attente de tous, il a remonté l'rideau, et la minute suivante le roi s'présente en s'pavanant, tout nu, à quatre pattes ; il était r'couvert de peinture, des ronds, des rayures et des barres d'toutes les couleurs, aussi éclatantes qu'un arc-en-ciel. Mais c'est pas nécessaire d's'étendre sur le reste d'son costume, il était complètement déchaîné mais c'était vachement marrant. Les spectateurs mouraient presque à force de rire ; lorsqu'l'roi en finit d'caracoler et sort d'la scène pour aller derrière, ils se sont tordus de rire, ont applaudi, ont tempêté et poussé des cris jusqu'au moment où il est revenu pour refaire son numéro en entier ;

---

13. **which was** pour **who was.**
14. **expectations** : *espérances.*
15. **come a-prancing** pour **came prancing** : *vint se pavaner* (**to prance** : *cabrioler, caracoler* ; *se pavaner, se dandiner*).
16. **on all fours** : *à quatre pattes.*
17. **ring-streaked-and-striped** : *avec des zébrures, des ronds et des rayures.*
18. **outfit** : *accoutrement, appareil.*
19. **awful** pour **awfully** : *terriblement.*
20. **most** pour **almost.**
21. **got done** : *eut fini.*
22. **to caper** : *cabrioler, caracoler, gambader.*
23. **to roar** : *mugir, rugir* ; **to roar with laughter** : *se tordre de rire.*
24. **to storm** : *tempêter* ; **a storm,** *une tempête, un orage.*
25. **to haw-haw** : *pousser des Ah ! Ah* !
26. **he come back and done it** pour **he came back and did it.**

**and after that, they made him do it another time. Well, it would a made[1] a cow laugh to see the shines that old idiot cut[2].**

**Then the duke he lets[3] the curtain down, and bows[4] to the people, and says the great tragedy will be performed only two nights more, on accounts of pressing London engagements, where the seats is all sold[5] aready[6] for it in Drury Lane[7]; and then he makes them another bow, and says if he has succeeded in pleasing them and instructing them, he will be deeply obleeged[8] if they will mention it to their friends and get them to come and see it.**

**Twenty people sings out[9]:**

**"What, is it over? Is that *all?*"**

**The duke says "yes." Then there was a fine time. Everybody sings out "sold[10]," and rose up mad, and was agoing for[11] that stage and them tragedians[12]. But a big, fine-looking man jumps up on a bench, and shouts:**

**"Hold on[13]! Just a word, gentlemen." They stopped to listen. "We are sold – mighty[14] badly sold. But we don't want to be the laughing-stock[15] of this whole town, I reckon[16], and never hear the last of this thing[17] as long as we live.**

---

1. **it would a made** pour **it would have made.**

2. **to cut a shine** : *donner un bon spectacle, bien jouer* (**shine** : *éclat, brillant, polissage*).

3. **the duke he lets** pour **the duke let.**

4. **to bow** : *se courber, saluer, faire une révérence.*

5. **the seats is all sold** pour **the seats are all sold.**

6. **aready** pour **already.**

7. **Drury Lane** : un des grands théâtres et la rue des théâtres, à Londres.

8. **obleeged** pour **obliged** : *obligé, reconnaissant.*

9. **twenty people sings out** pour **twenty people sing out.**

et après ça, ils lui ont fait recommencer encore une fois. Ma foi, ça aurait fait même rire une vache de voir les simagrées que c'vieux fou faisait.

Ensuite l'duc y fait retomber l'rideau, salue la salle en s'courbant et annonce que la grande tragédie n'sera rejouée que deux autres soirées, en raison d'engagements urgents à Londres où toutes les places y sont déjà vendues pour une représentation au théâtre de Drury Lane ; et alors il leur refait une courbette et leur dit que s'il a réussi à leur faire plaisir et à les instruire, il leur sera des plus obligés s'ils parlent d'la pièce à leurs amis et les font venir la voir.

Une vingtaine de spectateurs lancent :

« Quoi, c'est fini ? C'est bien tout fini ? »

Le duc fait « oui ». Ensuite ça a bardé. Tous se mettent à crier « on nous a roulés », et se lèvent fous furieux en se dirigeant vers la scène et les acteurs tragiques comme ils s'font appeler. Mais un homme d'forte corpulence et d'aspect élégant saute sur un banc et leur parle fort :

« Attendez un peu ! Un mot, messieurs. » Ils s'arrêtent tous pour écouter. « On a été roulés, sacrément bien roulés. Mais on ne veut pas devenir la risée de toute notre ville, je pense, et on ne veut pas qu'on continue à raconter cette affaire jusqu'à notre mort.

---

10. **sold** : *eu, roulé.*

11. **was a going for** pour **was going for** : *se dirigeait vers.*

12. **them tragedians** pour **those tragedians** (péjoratif) : *les prétendus tragédiens.*

13. **hold on** : *attendez* ; *ne quittez pas* (téléphone).

14. **mighty** : *très, beaucoup.*

15. **laughing-stock** : *risée, tête de Turc.*

16. **to reckon** : *compter, calculer* ; *estimer, penser.*

17. **never hear the last of this thing** : *ne jamais voir la fin d'une affaire, continuer à entendre parler d'une affaire.*

*No*[1]. What we want, is to go out of here quiet[2], and talk this show up, and sell[3] the *rest* of the town! Then we'll all be in the same boat. Ain't that sensible?" ("You bet[4] it is! – the jedge[5] is right!" everybody sings out.) "All right, then – not a word about any sell[6]. Go along home, and advise everybody to come and see the tragedy."

Next day you couldn't hear nothing[7] around that town but how splendid that show was. House was jammed[8] again, that night, and we sold this crowd the same way[9]. When me and the king and the duke got home to the raft[10], we all had a supper; and by-and-by, about mid-night, they made Jim and me back her[11] out and float her down the middle of the river and fetch her in and hide her about two mile[12] below town.

The third night the house was crammed[13] again – and they warn't[14] new-comers, this time, but people that was[15] at the show the other two nights. I stood by the duke at the door, and I see[16] that every man that went in had his pockets bulging[17], or something muffled up[18] under his coat – and I see it warn't no perfumery neither[19], not by a long sight[20]. I smelt sickly eggs[21] by the barrel[22], and rotten cabbages, and such things;

---

1. ***No*** : *non, bien sûr* (italiques = forme d'insistance).
2. **quiet** pour **quietly** : *tranquillement, dans le calme.*
3. **to sell (sold, sold)** : *berner, escroquer, rouler, tromper.*
4. **you bet** : *tu paries, bien sûr que, c'est sûr que.*
5. **jedge** pour **judge.**
6. **sell** : *escroquerie, farce, tromperie.*
7. **you couldn't hear nothing** pour **you couldn't hear anything.**
8. **jammed** : *bondé, plein à craquer.*
9. **the same way** pour **in the same way.**
10. **raft** : *radeau* ; **life-raft**, *radeau de sauvetage.*
11. **her** : emploi du féminin pour les bateaux.
12. **two mile** pour **two miles.**

Non, bien sûr. Ce qu'on veut faire c'est sortir d'ici dans le calme et vanter ce spectacle et rouler bel et bien le reste de la ville ! On sera alors tous dans le même bateau. N'est-ce pas sensé ? » (Tous s'exclament « bien sûr ! Le juge a raison ! ») « C'est bien donc – pas un mot sur la manière dont on s'est fait rouler. Rentrez tous chez vous et conseillez à tout le monde de venir voir cette tragédie. »

Le lendemain dans toute c'te ville on entendait rien d'autre que combien ce spectacle était splendide. Ce soir-là, la salle était à nouveau bondée et on les a tous roulés d'la même manière. Quand moi, l'roi et l'duc, on est revenu sur le radeau, on a tous pris le souper ; et bientôt, vers minuit, ils nous ont fait faire marche arrière vers le large et dériver jusqu'au milieu du fleuve et amener l'radeau vers la rive et l'cacher à environ deux milles en aval d'la ville.

Le troisième soir la salle était à nouveau bourrée – mais c'te fois y avait pas des nouveaux mais ceux qu'étaient venus les deux autres soirs. J'me tenais près du duc à la porte et j'ai vu que chaque homme qui entrait avait les poches remplies ou bien quelque chose de caché sous sa veste – et j'm'aperçois bien aussi qu'ça sent pas l'parfum et ça de très loin aussi. Pour moi ça sentait les œufs pourris, un plein tonneau, les choux avariés et autres denrées du même genre ;

---

13. **crammed** : *bondé, bourré.*
14. **they warn't** pour **they weren't.**
15. **people that was** pour **people who were.**
16. **I see** pour **I saw.**
17. **bulging** : *saillant, gonflé.*
18. **to muffle up** : *emmitoufler* (**to muffle** : *étouffer, assourdir* ; *retenir*).
19. **it warn't no perfumery neither** pour **it wasn't any perfumery either.**
20. **not by a long sight** : *de très loin, tant s'en faut.*
21. **sickly eggs** : *oeufs pourris* ; **sickly**, *maladif, malsain, écœurant.*
22. **by the barrel** : *au tonneau*, d'où : *en grande quantité.*

and if I know the signs of a dead cat being around, and I bet I do, there was sixty-four of them went in[1]. I shoved[2] in there for a minute, but it was too various[3] for me, I couldn't stand it. Well, when the place couldn't hold no more people[4], the duke he give[5] a fellow a quarter and told him to tend door[6] for him a minute, and then he started around for the stage door, I after him; but the minute we turned the corner and was[7] in the dark, he says:

"Walk fast, now, till you get away from the houses, and then shin[8] for the raft like[9] the dickens[10] was after you!"

I done it, and he done[11] the same. We struck[12] the raft at the same time, and in less than two seconds we was[13] gliding down stream, all dark and still, and edging[14] towards the middle of the river, nobody saying a word. I reckoned the poor king was in for a gaudy[15] time of it with the audience; but nothing of the sort; pretty soon he crawls out[16] from under the wigwam[17], and says:

"Well, how'd the old thing pan out[18] this time, Duke?

He hadn't been up town at all.

We never showed a light till we was[19] about ten mile[20] below that village.

---

1. there **was sixty-four of them went in** pour **there were sixty-four of them who went in.**

2. **to shove in** : *pousser pour entrer, entrer en se faufilant/en bousculant.*

3. **various** : *divers, varié.*

4. **couldn't hold no more people** pour **couldn't hold any more people.**

5. **the duke he give** pour **the duke gave.**

6. **to tend door** pour **to attend the door** : s'occuper de la porte.

7. **we turned the corner and was** pour **we turned the corner and were.**

8. **to shin** : *grimper* ; **shin,** *tibia.*

9. **like** pour **as if.**

10. **the dickens = the devil,** *le diable.*

et si j'peux reconnaître l'odeur d'un chat crevé dans les parages, j'peux l'assurer, et il en est bien rentré soixante-quatre. J'me suis faufilé à l'intérieur une minute, mais l'odeur était trop forte pour moi et j'pouvais pas la supporter. Alors quand la salle n'pouvait contenir plus d'gens, le duc file une pièce de vingt-cinq cents à un type et lui dit d's'occuper d'la porte pour lui une minute et alors il fait l'tour pour aller à la porte qui mène à la scène avec moi derrière lui ; dès qu'on tourne le coin et qu'on s'retrouve dans le noir, il m'dit :

« Marche vite, maintenant, jusqu'à ce qu'on ait dépassé les maisons et là trace jusqu'au radeau comme si t'avais l'diable aux trousses ! »

C'que j'ai fait, tout comme lui. On est arrivé au radeau en même temps et en moins de dix secondes on descendait avec le courant en glissant, dans l'noir et le silence, en nous approchant doucement du milieu du fleuve, personne ne disant un mot. Je pensais que le pauvre roi devait être au milieu d'une sacrée mélasse avec les spectateurs ; mais pas du tout, au contraire ; bientôt le v'là qui sort en rampant du wigwam et demande :

« Eh bien, duc, comment notre affaire s'est passée c'te fois-ci ? »

Il n'était pas allé en ville du tout.

On n'a pas allumé une seule lumière avant d'être à environ dix milles en aval de ce village.

---

11. **I done it and he done** pour **I did it and he did.**
12. **to strike (struck, struck)** : *arriver, parvenir à.*
13. **we was** pour **we were.**
14. **to edge** : *border* ; *avancer lentement, approcher peu à peu.*
15. **gaudy** : *voyant, tapageur.*
16. **to crawl out** : *sortir en rampant.*
17. **wigwam** : *wigwam, tente d'Amérindien.*
18. **how'd the old thing pan out** pour **how did the old thing pan out** : *comment notre affaire a-t-elle marché* (**to pan out** : *se dérouler, marcher, réussir*).
19. **we was** pour **we were.**
20. **ten mile** pour **ten miles.**

# La vie sur le Mississippi

## XVI

### *Racing Days*

**It was always the custom for the boats to leave New Orleans between four and five o'clock in the afternoon. From three o'clock onward[1] they would be burning rosin[2] and pitch pine[2] (the sign of preparation), and so one had the picturesque spectacle of a rank, some two or three miles long, of tall, ascending columns of coal-black smoke; a colonnade which supported[4] a sable[5] roof of the same smoke blended together and spreading[6] abroad over the city. Every outward-bound[7] boat had its flag flying at the jack-staff[8]; and sometimes a duplicate[9] on the verge staff[10] astern[11]. Two or three miles of mates[12] were commanding and swearing[13] with more than usual emphasis; countless processions of freight[14] barrels and boxes were spinning[15] athwart[16] the levee[17] and flying aboard the stage-planks[18]; belated[19] passengers were dodging[20] and skipping[21] among these frantic[22] things, hoping to reach the forecastle[23] companion way[24] alive, but having their doubts about it;**

---

1. **from onward(s)** : *à partir de.*
2. **rosin** : *colophane, résine* ; d'où : *pin.*
3. **pitch pine** : *pitchpin* ; **pitch,** *poix.*
4. **to support** : *soutenir* ; *étayer.*
5. **sable** : *noir* (usage littéraire).
6. **to spread (spread, spread)** : *étaler* ; *s'étaler, couvrir.*
7. **outward-bound** : *en partance, prêt à partir, sur le départ.*
8. **jack-staff** : *beaupré* (**jack** : *drapeau, pavillon* ; **staff** : *bâton* ; *mât*).
9. **duplicate** : *double, duplicata.*
10. **verge staff** : *mât d'artimon, mât arrière.*
11. **astern** : *en poupe, sur l'arrière* (**stern** : *poupe, arrière d'un bateau*).
12. **mate** : *second.*

## XVI

### *Les jours de course*

C'était toujours la règle pour les bateaux de quitter La Nouvelle-Orléans entre quatre heures et cinq heures de l'après-midi. À partir de trois heures ils brûlaient sans discontinuer du pin et du pitchpin (preuve des préparatifs d'un départ), ce qui donnait donc ce spectacle pittoresque, sur une rangée longue de deux ou trois milles, de hautes colonnes montantes de fumée couleur de charbon, colonnades qui soutenait une voûte d'un noir d'ébène que formaient les fumées qui se mêlaient et recouvraient toute la ville. Tous les bateaux en partance avaient déployé leur pavillon à leur beaupré et parfois un autre au mât d'artimon à l'arrière. Sur deux ou trois milles les seconds lançaient ordres et jurons avec plus de force qu'à l'accoutumée ; des processions innombrables de caisses et de barils prêts à charger se déplaçaient à toute allure en travers du quai et volaient à bord par les passerelles ; des passagers en retard se frayaient un chemin en esquivant et en évitant ces obstacles incontrôlables, avec l'espoir qui leur semblait douteux de parvenir en vie jusqu'à l'escalier des cabines sur le gaillard d'avant ;

---

13. **to swear (swore, sworn)** : *jurer, prêter serment.*
14. **freight** : *chargement, frêt.*
15. **to spin (span, spun)** : *filer* ; *tournoyer* ; *aller à toute vitesse.*
16. **athwart** : *en travers, par le travers.*
17. **levee** : *levée, quai, digue* (du français *levée de terre*).
18. **stage-plank** : *passerelle.*
19. **belated** : *en retard* ; *tardif.*
20. **to dodge** : *esquiver* ; *éluder.*
21. **to skip** : 1) *sautiller, gambader* ; 2) *éviter.*
22. **frantic** : *frénétique* ; *éperdu, affolé.*
23. **forecastle** : *gaillard d'avant, poste d'équipage.*
24. **companion way** : *escalier menant aux cabines.*

women with reticules and bandboxes[1] were trying to keep up with husbands freighted[2] with carpet-sacks[3] and crying babies, and making a failure of it[4] by losing their heads in the whirl[5] and roar[6] and general distraction[7]; drays[8] and baggage-vans were clattering[9] hither and thither in a wild hurry, every now and then getting blocked and jammed[10] together, and then during ten seconds one could not see them for the profanity[11], except vaguely and dimly; every windlass[12] connected with every forehatch[13], from one end of that long array[14] of steamboats to the other, was keeping up a deafening[15] whiz[16] and whir[17], lowering freight into the hold[18], and the half-naked crews of perspiring negroes that worked them were roaring such songs as 'De Las' Sack! De Las' Sack!'[19] – inspired to unimaginable exaltation by the chaos of turmoil and racket[20] that was driving everybody else mad. By this time the hurricane[21] and boiler decks[22] of the steamers would be packed[23] and black with passengers. The 'last bells' would begin to clang[24], all down the line, and then the powwow[25] seemed to double; in a moment or two the final warning came, – a simultaneous din[26] of Chinese gongs, with the cry, 'All dat ain't goin', please to git asho[27]'!' – and behold, the powwow quadrupled!

---

1. **bandbox** : *carton à chapeaux.*
2. **to freight** : *transporter (des marchandises).*
3. **carpet-sacks** : *sacs de voyage* ; cf. **carpet**, *tapis, moquette.*
4. **to make a failure of something** : *ne pas parvenir à, échouer.*
6. **roar** : *mugissement, rugissement* ; *brouhaha.*
7. **distraction** : *folie, affolement.*
8. **dray** : *haquet, charette.*
9. **to clatter** : *cliqueter, s'entrechoquer bruyamment.*
10. **jammed** : *emmêlé, encastré.*
11. **for the profanity** : *en raison des jurons proférés.*
12. **windlass** : *guindeau, treuil.*
13. **hatch** : *écoutille.*
14. **array** : *déploiement, étalage.*
15. **deafening** : *assourdissant* ; **deaf**, sourd.
16. **whiz** : *sifflement* ; **to whizz**, *filer à toute allure.*

des femmes avec leur sac à main et leur carton à chapeau s'efforçaient de ne pas se laisser distancer par des maris encombrés de sacs de voyage et de bébés qui piaillaient; elles n'y parvenaient point car elles perdaient tout leur sang-froid dans le brouhaha, dans le tumulte et dans l'affolement qui les entouraient; des charrettes et des chariots chargés de bagages allaient et venaient à toute allure dans tous les sens avec force bruit de roues et de sabots ferrés et à tous les instants se trouvaient bloqués et encastrés et alors pendant dix secondes rien n'était plus perçu sinon vaguement et indistinctement en raison de la quantité de jurons échangés; tous les treuils reliés à toutes les écoutilles avant, d'un bout à l'autre de cette longue file de vapeurs, ne cessaient de tourner avec des sifflements et des vrombissements assourdissants, faisant descendre dans les cales les cargaisons que les équipes de dockers noirs à demi nus et en sueur transbordaient en chantant à tue-tête des chants tels que « Et v'là le dé'nier sac! Le dé'nier sac! » – inspirés jusqu'à en être exaltés comme on ne peut l'imaginer par la confusion que créaient le vacarme et l'effervescence rendant aussi tous les gens autour hallucinés. À ce moment-là, le pont supérieur et le pont de la chaudière des vapeurs étaient bondés et noirs de monde. Les « dernières cloches » se mettaient à tinter, tout le long de la file, et alors le brouhaha semblait redoubler; un instant ou deux plus tard se faisait entendre le signal final du départ – un tintamarre qui provenait de tous les gongs chinois en même temps, accompagné de l'annonce, « Tous ceux qui ne partent pas sont priés d'redescendre à terre! » – et alors le volume du brouhaha était multiplié par quatre!

---

17. **whir** : *ronronnement, vrombissement.*
18. **hold** : *cale* ; (*avion*) *soute.*
19. **'De Las' Sack!'** pour **'The last sack!'**.
20. **racket** : *vacarme, tapage, boucan.*
21. **hurricane desk** : *pont supérieur* ; **hurricane**, *ouragan.*
22. **boiler** : *chaudière.*
23. **packed** : *bondé, bourré.*
24. **to clang** : *retentir, résonner* ; *tinter.*
25. **powhow** pour **powwow** : *assemblée* (d'Amérindiens) ; *discussion, pourparlers.*
26. **din** : *fracas, tintamarre, vacarme.*
27. **'All dat ain't goin', please to git asho'!'** pour **'All those who aren't going, please get ashore!'** : *tous ceux qui ne partent pas sont priés de redescendre à terre.*

**People came swarming[1] ashore, over-turning[2] excited stragglers[3] that were trying to swarm aboard. One more moment later a long array[4] of stage-planks[5] was being hauled in[6], each with its customary latest passenger clinging[7] to the end of it with teeth, nails, and everything else, and the customary latest procrastinator making a wild spring[8] shoreward[9] over his head.**

**Now a number of the boats slide backward[10] into the stream, leaving wide gaps[11] in the serried rank of steamers. Citizens crowd[12] the decks of boats that are not to go, in order to see the sight. Steamer after steamer straightens herself up[13], gathers all her strength, and presently comes swinging by[14], under a tremendous[15] head of steam, with flag flying, black smoke rolling, and her entire crew of firemen[16] and deck-hands[17] (usually swarthy negroes) massed together on the forecastle[18] the best 'voice' in the lot towering[19] from the midst[20] (being mounted on the capstan), waving his hat or a flag, and all roaring a mighty chorus, while the parting cannons[21] boom and the multitudinous spectators swing their hats and huzza! Steamer after steamer falls into line[22], and the stately procession goes winging its flight[23] up the river.**

---

1. **to swarm** : *fourmiller, grouiller* (**a swarm** : un essaim).
2. **to overturn** : *renverser, faire tomber, bousculer.*
3. **straggler** : *traînard, retardataire.*
4. **array** : *déploiement, étalage*, d'où : *série.*
5. **stage-planks** : *passerelle* ; cf. **landing-stage**, *débarcadère.*
6. **to haul in** : *tirer vers l'intérieur, ramener, remonter.*
7. **to cling (clung, clung)** : *s'accrocher, se cramponner.*
8. **spring** : *bond, saut* ; *source.*
9. **shoreward** : *vers le rivage, vers la terre ferme.*
10. **to slide (slid, slid) backward** : *glisser en arrière, glisser en sens inverse*, d'où : *remonter* (le courant).
11. **gap** : *vide, ytrou, brèche, écart.*
12. **to crowd** : *se presser, se serrer* ; *serrer, entasser.*
13. **to straighten (oneself) up** : *se dresser, se redresser*, d'où : *se remettre face au courant.*

Une nuée de gens se pressait pour redescendre à terre et bousculait la nuée des retardataires qui, dans un état de surexcitation, tentait de monter à bord. Un instant plus tard on remontait la longue série de passerelles d'embarquement : à chaque extrémité d'entre elles, l'habituel passager de la dernière heure s'accrochait bec et ongles et par tous les autres moyens, tandis que l'habituel traînard sautait, d'un bond périlleux, par-dessus la tête du premier pour rejoindre le quai.

C'est alors qu'un certain nombre de bateaux remontent doucement le courant, laissant de grands vides dans le rang serré des vapeurs. Et les citoyens de se presser en foule sur le pont des bateaux qui restent à quai afin de profiter du spectacle offert. Vapeur après vapeur se remet, l'un après l'autre, face au courant, ils rassemblent toutes leurs forces et bientôt défile devant les spectateurs dans un énorme nuage de vapeur, pavillon au vent, dans des volutes de fumée noire, tout l'équipage de chauffeurs et d'hommes de pont (habituellement tous des noirs basanés) rassemblé sur le gaillard d'avant, la voix la plus forte du lot dépassant toutes les autres (l'homme est grimpé sur le cabestan), agitant son chapeau ou un drapeau, et tous faisant retentir un chœur imposant, tandis que tonnent les canons annonçant le départ et que les innombrables spectateurs agitent leur chapeau et lancent des hourras ! Vapeur après vapeur, ils se mettent en file et cette majestueuse procession s'élance à la remontée du fleuve à toute allure.

---

14. **to swing (swung, swung) by** : *passer en se balançant, en virant,* d'où : *défiler.*

15. **tremendous** : *énorme, très grand.*

16. **fireman** : *chauffeur* ; *pompier.*

17. **deck-hand** : *homme de pont* ; cf. **All hands on deck** ! *Tout le monde sur le pont* !

18. **forecastle** : *gaillard d'avant* ; souvent écrit (et prononcé) **fo'c'sle.**

19. **to tower** : *dominer, dépasser.*

20. **midst** : *milieu, cœur.*

21. **the parting cannons** : *les canons du départ.*

22. **to fall (fell, fallen) into line** : *se mettre en file, se ranger en ligne, s'aligner.*

23. **to wing one's flight** : *voler à toute allure, s'élancer à toute allure* (**to wing** : *blesser à l'aile* ; *voler* ; **flight** : *vol*).

In the old times, whenever two fast boats started out on a race, with a big crowd of people looking on, it was inspiring to hear the crews sing, especially if the time were[1] night-fall, and the forecastle lit[2] up with the red glare[3] of the torch-baskets[4]. Racing was royal fun[5]. The public always had an idea that racing was dangerous; whereas the opposite was the case – that is, after the laws were passed which restricted each boat to just so many pounds of steam to the square inch[6]. No engineer[7] was ever sleepy or careless[8] when his heart was in a race. He was constantly on the alert, trying[9] gaugecocks[10] and watching things. The dangerous place was on slow, plodding[11] boats, where the engineers drowsed[12] around and allowed chips[13] to get into the 'doctor'[14] and shut off the water supply[15] from the boilers.

In the 'flush times'[16] of steamboating, a race between two notoriously fleet steamers[17] was an event of vast importance. The date was set for it several weeks in advance, and from that time forward, the whole Mississippi Valley was in a state of consuming[18] excitement. Politics and the weather were dropped[19], and people talked only of the coming race. As the time approached, the two steamers 'stripped'[20] and got ready.

---

1. **if the time were** pour **if the time was.**
2. **lit** ; de **to light**, qui fait **lit** ou **lighted** au prétérit ou participe passé.
3. **glare** : *éclat, lumière éblouissante/ aveuglante.*
4. **torch-basket** : *brasero.*, de **torch**, *torche* et **basket**, *panier.*
5. **royal** : *royal, de premier choix.*
6. **inch** : *pouce* ( 2,54 cm).
7. **engineer** : *ingénieur, mécanicien, technicien, réparateur.*
8. **careless** : *négligent, sans soin.*
9. **to try** : *essayer* ; *vérifier.*
10. **gauge-cock** : *robinet de manomètre/ de jauge.*

Autrefois, lorsque deux bateaux rapides se lançaient dans une course sous les yeux des nombreux spectateurs, le chant des équipages faisait vibrer la foule surtout si cela se passait à la nuit tombante et que le gaillard d'avant était tout éclairé par l'éclat rougeoyant des braseros. La course offrait un spectacle de premier choix. Le public se figurait toujours que cette compétition était dangereuse ; alors que c'était tout le contraire – c'est-à-dire après la promulgation de lois imposant à chaque bateau une limite de pression de tant de livres par pouce carré. Il n'existait point de chef mécanicien qui se serait laissé aller à somnoler ou à relâcher son attention lorsqu'il engageait tout son cœur dans une course. Il était constamment sur le qui-vive à vérifier les robinets des jauges et à tout surveiller. Le danger se trouvait sur les bateaux lents et traînards où les chefs mécaniciens s'assoupissaient et laissaient s'infiltrer dans le conduit de vapeur de petits objets qui venaient bloquer l'arrivée d'eau à la chaudière.

À l'époque dorée des bateaux à vapeur, la course entre deux vapeurs de ligne connus devenait un événement de première importance. La date en était fixée plusieurs semaines à l'avance et dès ce moment l'ensemble de la vallée du Mississippi était en proie à une surexcitation extrême. Ni la politique ni le temps qu'il faisait n'intéressaient plus et les gens ne parlaient que de la course qui allait avoir lieu. Au fur et à mesure que l'heure approchait les deux vapeurs se débarrassaient de leurs équipements superflus et se préparaient.

---

11. **to plod** : *marcher lourdement.*
12. **to drowse** : *s'assoupir, somnoler.*
13. **chip** : *particule, éclat, copeau ; puce électronique.*
14. **the 'doctor'** : *le conduit de vapeur.*
15. **water supply** : *approvisionnement en eau, arrivée d'eau.*
16. **'flush times'** : *belle époque, époque dorée.*
17. **fleet steamers** : *vapeurs de ligne* (**fleet** : *la flotte [régulière].*).
18. **consuming** : *dévorant, extrême.*
19. **to drop** : *laisser tomber, abandonner, délaisser.*
20. **'stripped'** : *se déshabillaient.*

Every incumbrance[1] that added weight, or exposed a resisting surface to wind or water, was removed, if the boat could possibly do without[2] it. The 'spars,[3]' and sometimes even their supporting[4] derricks[5], were sent ashore, and no means left to set the boat afloat[6] in case she got aground[7]. When the 'Eclipse' and the 'A.L. Shotwell' ran their great race many years ago, it was said that pains were taken to scrape[8] the gilding[9] off the fanciful[10] device[11] which hung between the 'Eclipse's' chimneys, and that for that one trip the captain left off his kid gloves[12] and had his head shaved[13]. But I always doubted these things.

If the boat was known to make her best speed when drawing five and a half feet[14] forward and five feet aft[15], she was carefully loaded[16] to that exact figure[17]– she wouldn't enter a dose of homœopathic pills on her manifest after that. Hardly any passengers were taken, because they not only add weight but they never will 'trim boat.[18]' They always run to the side[19] when there is anything to see, whereas a conscientious and experienced steamboatman would stick to[20] the centre of the boat and part his hair in the middle[21] with a spirit level.

1. **incumbrance** pour **encumbrance** : *charge, fardeau, objet inutile.*
2. **to do without** : *se passer de.*
3. **'spars'** : *espars, mâts.*
4. **to support** : *soutenir.*
5. **derrick** : *mât de charge* ; (pétrole) **derrick.**
6. **to set the boat afloat** : *remettre le bateau à flot, renflouer.*
7. **to get aground** : *s'échouer,* aussi **to run aground.**
8. **to scrape** : *gratter, râcler.*
9. **gilding** : *dorure* ; **to gild,** *dorer.*
10. **fanciful** : *fantaisiste, extravagant.*
11. **device** : *appareil, engin, mécanisme.*

Tout ce qui ajoutait du poids ou bien offrait une résistance au vent et à l'eau était enlevé si le bateau pouvait s'en passer vraiment. Les espars et parfois même les mâts de charges qui les soutenaient étaient posés à terre et on abandonnait tous les appareillages qui servaient à remettre à flot le bateau en cas d'échouage. Il y a de nombreuses années lorsque l'*Eclipse* et le *A.L. Shotwell* firent leur grande course, on rapportait qu'aucun effort ne fut épargné afin de gratter la dorure qui recouvrait la décoration accrochée entre les deux cheminées de l'Eclipse et qu'uniquement pour ce voyage le capitaine laissa ses gants en peau de chevreau et se fit raser le crâne. Ces deux rumeurs m'ont cependant toujours paru peu fondées.

Si le bateau passait pour faire son meilleur temps avec un tirant d'eau de cinq pieds et demi à l'avant et de cinq pieds à l'arrière on le chargeait avec précision pour correspondre à ces mesures exactes – on n'aurait pas ajouté une dose de pilules homéopathiques sur le manifeste après ces calculs. On n'embarquait pratiquement aucun passager parce que non seulement les passagers ajoutent du poids mais ils ne participent jamais au profilage du bateau. Ils passent tout leur temps à se précipiter vers le bord où il y a des choses à voir tandis que tout marin consciencieux et expérimenté à bord d'un vapeur ne bouge pas d'un pouce du centre du bateau et se peigne en faisant sa raie au milieu avec un niveau à bulle.

---

12. **kid gloves** : *gants de chevreau.*

13. **to have one's head shaved** : *se faire raser le crâne.*

14. **to draw ... feet** : *avoir un tirant d'eau de ... pieds.*

15. **aft** : *à l'arrière* (d'un bateau).

16. **to load** : *charger.*

17. **figure** : *chiffre, mesure.*

18. **'trim boat'** : *équilibrer le bateau, aider à profiler le bateau* (**to trim one's sails** : *régler la voilure, naviguer au plus près*).

19. **side** : *côté* ; *bord.*

20. **to stick to** : *tenir, suivre, rester, se cantonner à.*

21. **to part one's hair in the middle** : *se peigner avec une raie au milieu.*

No way-freights[1]* and no way-passengers[2] were allowed, for the racers would stop only at the largest towns, and then it would be only 'touch and go.[3]' Coal flats[4] and wood flats were contracted for beforehand, and these were kept ready to hitch on[5] to the flying[6] steamers at a moment's warning[7]. Double crews were carried, so that all work could be quickly done.

The chosen date being come, and all things in readiness, the two great steamers back into the stream[8], and lie there jockeying[9] a moment, and apparently watching each other's slightest[10] movement, like sentient[11] creatures; flags drooping[12] the pent[13] steam shrieking[14] through safety-valves, the black smoke rolling and tumbling[15]from the chimneys and darkening all the air. People, people everywhere; the shores, the house-tops, the steamboats, the ships, are packed with them, and you know that the borders of the broad Mississippi are going to be fringed[16]with humanity thence northward twelve hundred miles, to welcome these racers.

Presently tall columns of steam burst from the 'scapepipes[17] of both steamers, two guns boom a good-bye, two red-shirted heroes mounted on capstans wave[18]their small flags above the massed crews on the forecastles, two plaintive solos linger[19] on the air a few waiting seconds, two mighty choruses burst forth[20] –

---

1. **way-freights** pour **freight loaded on the way.**
2. **way-passengers** pour **passengers embarked on the way.**
3. **'touch and go'** : *situation périlleuse, à l'issue incertaine.*
4. **flat** : allège (embarcation plate servant au chargement des navires).
5. **to hitch on** : *attacher, atteler, nouer.*
6. **to fly (flew, flown)** : *voler* ; *aller à toute allure.*
7. **at a moment's warning** : *en un instant, en un tournemain.*
8. **to back into the stream** : *reculer pour prendre le fil du courant.*
9. **to jockey** : *manipuler, manœuvrer.*
10. **slight** : *léger.*
11. **sentient** : *doué de sensation.*

On ne prenait en chemin aucune cargaison, aucun passager car les concurrents ne s'arrêtaient qu'aux grandes villes et encore c'était alors très vite fait. Des allèges de charbons et de bois de chauffe étaient louées à l'avance et maintenues prêtes à être prises en remorque en un instant par les vapeurs qui filaient à toute vitesse. Les équipages étaient doubles pour que la manœuvre soit rapidement exécutée.

La date arrive et tout est fin prêt, les deux grands vapeurs reculent pour prendre le fil du courant, demeurent là à manœuvrer pendant un instant et apparemment observent leurs moindres mouvements réciproques comme des créatures vivantes ; leur pavillon pend tout flasque, la vapeur qui est retenue s'échappe par les valves de sûreté avec un sifflement strident, les volutes de fumée noire se déroulent et tombent des cheminées en assombrissant toute l'atmosphère. Des gens, il y en a partout ; ils se sont amassés sur les rives du fleuve, sur le toit des maisons, sur les autres vapeurs et sur les autres bateaux et on devine que les bords du grand Mississippi vont être garnis de représentants de la gent humaine depuis cet endroit en remontant vers le nord sur douze cents milles afin de saluer ces deux concurrents.

Bientôt de grandes colonnes de vapeur jaillissent des tuyaux d'échappement des deux vapeurs, deux coups de canon tonnent un adieu, deux héros, vêtus de chemises rouges et montés sur des cabestans, agitent leur petit drapeau au-dessus des équipages rassemblés sur les gaillards d'avant, la plainte de deux solos demeure dans l'air pendant quelques secondes, puis deux chœurs puissants éclatent...

---

12. **to droop** : *pencher* ; *s'abaisser, s'affaisser.*

13. **to pen (penned, penned/pent)** : *parquer, enfermer, cloîtrer, claquemurer.*

14. **to shriek** : *hurler, crier.*

15. **to tumble** : *dégringoler.*

16. **fringed** : *bordé, frangé* ; **fringe**, *frange.*

17. **'scape pipes** pour **escape pipes** : *tuyaux d'échappement.*

18. **to wave** : *faire signe* ; *agiter.*

19. **to linger** : *traîner, s'attarder.*

20. **to burst (burst, burst) forth** : *se précipiter* ; *éclater.*

and here they come! Brass bands bray[1] Hail Columbia[2], huzza after huzza thunders from the shores, and the stately[3] creatures go whistling[4] by like the wind.

Those boats will never halt a moment between New Orleans and St. Louis, except for a second or two at large towns, or to hitch[5] thirty-cord wood-boats along-side. You should be on board when they take a couple of those wood-boats in tow[6] and turn a swarm[7] of men into each; by the time you have wiped[8] your glasses and put them on, you will be wondering[9] what has become of that wood.

Two nicely matched steamers will stay in sight of each other day after day. They might even stay side by side, but for[10] the fact that pilots are not all alike[11], and the smartest[12] pilots will win the race. If one of the boats has a 'lightning[13]' pilot, whose 'partner[14]' is a trifle[15] his inferior, you can tell which one is on watch[16] by noting whether that boat has gained ground or lost some during each four-hour stretch[17]. The shrewdest[18] pilot can delay a boat if he has not a fine genius for steering[19]. Steering is a very high art. One must not keep a rudder dragging[20] across a boat's stern[21] if he wants to get up the river fast.

---

1. **to bray** : *braire* ; *brailler, beugler* ; *retentir.*
2. **Hail Columbia** : hymne à la gloire des États-Unis d'Amérique.
3. **stately** : *majestueux, plein de dignité.*
4. **to whistle** : *siffler.*
5. **to hitch** : *attacher, atteler.*
6. **in tow** : *en remorque.*
7. **swarm** : *essaim* ; *foule, nuée.*
8. **to wipe** : *essuyer.*
9. **to wonder** : *s'étonner, s'émerveiller, se demander.*
10. **but for** : *mis à part (le fait que...).*
11. **alike** : *similaire, identique.*

et les voici partis ! les orchestres de cuivres font retentir le *Hail Columbia*, un tonnerre de hourras sur hourras monte depuis les rives et les majestueuses créatures passent en sifflant comme le vent.

Ces bateaux ne s'arrêteront jamais un seul instant entre La Nouvelle-Orléans et Saint-Louis, hormis une seconde ou deux, le temps d'amarrer le long de leur bord une allège transportant trente cordes de bois de chauffe. Vous devriez être à bord lorsqu'ils prennent en remorque certaines de ces allèges et qu'ils font passer à leur bord une flopée de matelots ; le temps de rechausser vos lunettes après les avoir essuyées et vous vous demanderez où sont passées les bûches.

Deux vapeurs de force et de puissance parfaitement égales ne se perdront jamais de vue jour après jour. Ils pourraient même se maintenir côte à côte, si ce n'est que les pilotes ne sont pas identiques, et ce sont les pilotes qui possèdent le plus grand art qui remportent ces courses. Si à bord de l'un des bateaux opère un pilote aux réactions vives comme l'éclair et dont l'homologue lui est d'un poil inférieur, vous pouvez deviner lequel est de quart en observant quel bateau a gagné ou perdu de l'avance sur chacune des durées de quatre heures. Le pilote le plus astucieux peut donner du retard au bateau s'il ne possède pas à la perfection le génie du pilotage. Il ne faut pas laisser traîner un gouvernail par le travers de l'arrière si le pilote souhaite remonter rapidement le fleuve.

12. **smart** : *élégant* ; *habile, malin.*
13. **'lightning'** : *vif comme l'éclair* (**flash of lightning** : *éclair*).
14. **partner** : *partenaire* ; *homologue, adversaire.*
15. **a trifle** : *tant soit peu.*
16. **on watch** : *de garde* ; *de quart.*
17. **stretch** : *étendue* ; *durée.*
18. **shrewd** : *astucieux, malin, rusé.*
19. **to steer** : *piloter.*
20. **to drag** : *traîner, être à la traîne.*
21. **stern** : *arrière, poupe.*

There is a great difference in boats, of course. For a long time I was on a boat that was so slow we used to forget what year it was we left port in. But of course this was at rare intervals. Ferryboats[1] used to lose valuable trips because their passengers grew old and died, waiting for us to get by[2]. This was at still rarer intervals. I had the documents for these occurrences[3], but through carelessness[4] they have been mislaid[5]. This boat, the 'John J. Roe,' was so slow that when she finally sunk[6] in Madrid Bend, it was five years before the owners heard of it. That was always a confusing fact to me, but it is according to the record[7], any way. She was dismally[8] slow; still, we often had pretty exciting times racing with islands, and rafts[9], and such things. One trip, however, we did rather well. We went to St. Louis in sixteen days. But even at this rattling[10] gait[11] I think we changed watches[12] three times in Fort Adams reach[13], which is five miles long. A 'reach' is a piece of straight river, and of course the current drives through such a place in a pretty lively[14] way.

That trip we went to Grand Gulf, from New Orleans, in four days (three hundred and forty miles); the 'Eclipse' and 'Shotwell' did it in one.

---

1. **ferryboat** : *bac, bac transbordeur.*
2. **to get (got, got) by** : *passer.*
3. **occurrence** : *événement, incident.*
4. **carelessness** : *négligence.*
5. **to mislay (mislaid, mislaid)** : *égarer.*
6. **to sink (sank, sunk)** : *couler, sombrer.*
7. **record** : *souvenir* ; *archive, document d'archive* ; *disque.*
8. **dismally** : *lugubrement, lamentablement.*

Il existe bien sûr une grande différence entre les bateaux. Pendant longtemps j'ai été pilote sur l'un d'eux qui était si lent que nous en oubliions quelle année nous étions au départ après avoir lâché les amarres. Mais bien sûr ceci ne se produisait qu'en de rares occasions. Il arrivait que des bacs transbordeurs perdent des ventes de billets car leurs passagers vieillissaient et mouraient en attendant notre passage. Cela se produisait en de plus rares occasions encore. Je possédais les documents afférents à ces événements mais, désordonné comme je suis, je les ai égarés. Mon bateau, le *John J. Roe*, était si lent que, lorsqu'il finit par sombrer dans le Madrid Bend, ses propriétaires ne l'apprirent que cinq ans plus tard. Ce fait demeura toujours pour moi une énigme totale, mais les archives, quoi qu'il en soit, en témoignent bien ainsi. Il était d'une lenteur désarmante ; pourtant nous connûmes souvent des épisodes assez captivants quand nous faisions la course avec des îles, des radeaux et autres objets flottants. Lors d'un voyage nous eûmes cependant notre moment de gloire. Nous atteignîmes Saint-Louis en seize jours. Mais même à cette allure à vous décoiffer, je crois que nous avons changé de quart trois fois en remontant le bief de Fort Adams qui est long de cinq milles. Un bief est une ligne droite sur le fleuve et bien sûr le courant prend une assez grande force en descendant cet endroit.

Durant ce voyage nous parvînmes au Grand Golfe, depuis La Nouvelle-Orléans, en quatre jours (trois cents quarante milles) ; l'*Éclipse* et le *Shotwell* couvrirent cette distance en une journée.

---

9. **raft** : *radeau*, signifie aussi *train de bois flottant*.
10. **rattling** : *vibrant* ; *rapide* (**to rattle** : *faire du bruit, cliqueter*).
11. **gait** : *démarche* ; *allure*.
12. **to change watches** : *changer de quart*.
13. **reach** : *bief.* (Pour un canal, distance entre deux écluses).
14. **lively** : *vivant, animé, remuant*.

We were nine days out, in the chute of 63 (seven hundred miles); the 'Eclipse' and 'Shotwell' went there in two days. Something over a generation ago, a boat called the 'J.M. White' went from New Orleans to Cairo in three days, six hours, and forty-four minutes. In 1853 the 'Eclipse' made the same trip in three days, three hours, and twenty minutes[1]. In 1870 the 'R.E. Lee' did it in three days and *one*[2] hour. This last is called the fastest trip on record[3]. I will try to show that it was not. For this reason: the distance between New Orleans and Cairo, when the 'J.M. White' ran it, was about eleven hundred and six miles; consequently her average[4] speed was a trifle[5] over fourteen miles per hour. In the 'Eclipse's' day the distance between the two ports had become reduced to one thousand and eighty miles; consequently her average speed was a shade[6] under fourteen and three-eighths miles per hour. In the 'R.E. Lee's' time the distance had diminished to about one thousand and thirty miles; consequently her average[7] was about fourteen and one-eighth miles per hour. Therefore the 'Eclipse's' was conspicuously[8] the fastest time that has ever been made.

[...]

1. **chute** : *rapide* ; *bief.*
2. **one** : *une seule* (italiques = forme d'insistance).
3. **on record** : *enregistré, connu.*
4. **average** : (ici : adj.) *moyen* ; *de qualité moyenne.*
5. **a trifle** : *un peu, tant soit peu.*
6. **a shade** : *un soupçon* ; **a shade bigger**, *un tout petit peu/légèrement plus grand.*
7. **average** : (ici : nom) *moyenne.*
8. **conspicuously** : *notoirement, de toute évidence.*

Nous passâmes neuf jours dans le bief 63 (sept cents milles) ; l'*Éclipse* et le *Shotwell* le parcoururent en deux journées. Il y a de cela plus d'une soixantaine d'années, un navire nommé *J.M. White* mit trois jours, six heures et vingt minutes pour aller de La Nouvelle-Orléans à Cairo. En 1853 l'*Éclipse* couvrit le même trajet en trois jours, trois heures et vingt minutes. En 1870 le *R.L. Lee* le fit en trois jours et une seule heure. Ce dernier temps fut le trajet le plus rapide jamais enregistré. Je vais tenter de démontrer que ce fait est erroné. La raison : la distance entre La Nouvelle-Orléans et Cairo lorsqu'elle fut couverte par le *J.M. White* approchait les onze cent six milles ; par conséquent la vitesse moyenne de ce bateau était d'un peu plus de quatorze milles à l'heure. À l'époque de l'*Éclipse* la distance entre les deux ports s'était réduite à mille quatre-vingts milles ; par conséquent sa vitesse moyenne était d'un soupçon en dessous de quatorze milles et trois huitièmes de mille à l'heure. À l'époque du *R.E. Lee* la distance était tombée à environ mille trente milles ; en conséquence sa moyenne était d'environ quatorze milles et un huitième de mille à l'heure. C'est pourquoi le temps mis par l'*Éclipse* fut de toute évidence le plus rapide jamais réalisé.

[...]

Imprimé en France par

CPI
BUSSIÈRE

à Saint-Amand-Montrond (Cher)
en juin 2012

POCKET – 12, avenue d'Italie – 75627 Paris Cedex 13

N° d'impression : 122026
Dépôt légal : mars 2010
Suite du premier tirage : juin 2012
S13866/02